BLACK WORK

黒糸１色で描く美しい幾何学模様
詳しい刺し方付きパターン集

mifu

はじめに

イギリスの Royal School of Needlework でブラックワークを習っていた時、ステッチのお手本を示す先生の指先は、スイスイと不思議な進み方をしていました。先生に何かルールはあるのかと尋ねたところ、あっさり「ない」との返答。確かに、先生によって針の進め方も、どこから刺すかもまちまちでした。たぶん、自らの経験や考えに基づいて刺していたのでしょう。

私も新しい作品に取り組む度に、試行錯誤しながら、よりよい刺し方を模索しています。本書でご紹介した刺し方は、私の今までの経験に基づき、1. 針運びの流れがスムーズで刺しやすい。2. 分かりやすい。3. 縫い目が歪み難く、形がきれいに整いやすい。4. 他のパターンにも応用しやすい。ということを重視して選びました。

ただし、本書で示した刺し方が必ずしもベストという訳ではありません。実際、私自身、より端正に仕上げるために、布目の細かさや糸の太さ、デザインによって刺し方を変えていますし、もっと複雑な刺し方をすることもあります。今後、もっといい刺し方に気づくかも知れません。

本書の刺し方をヒントに、ブラックワークを自由に楽しんでいただければうれしく思います。

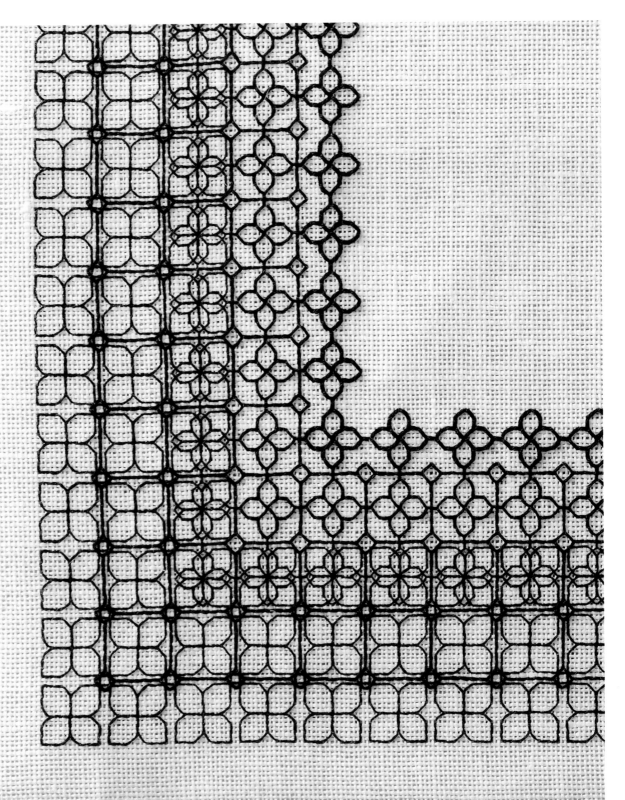

Tea Mat

Contents

Stitch Note
刺し方解説

A > P.30   B > P.32

C > P.34   D > P.36

E > P.38 | F > P.40

G > P.42 | H > P.44

I > P.46   J > P.48

K > P.50   L > P.52

M > P.54

※ P.6 ～ 9 は Linen 28ct に 25 番刺繍糸 1 本取りで刺繍。ほぼ実寸で掲載しています。

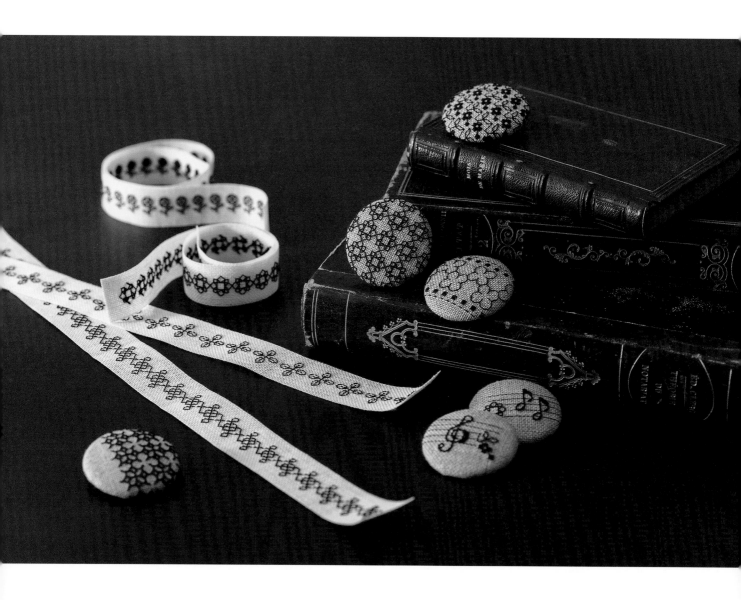

Buttons & Ribbons（参考作品）

Buttons_ 43mm / 28ct / ミシン刺繍糸，25番刺繍糸，アブローダー #25
Ribbons_ 22mm / 28ct / 25番刺繍糸

Cosmetic Pouch > P.75

100 × 150 × 50mm / 28ct / 25番刺繍糸 , アブローダー #20

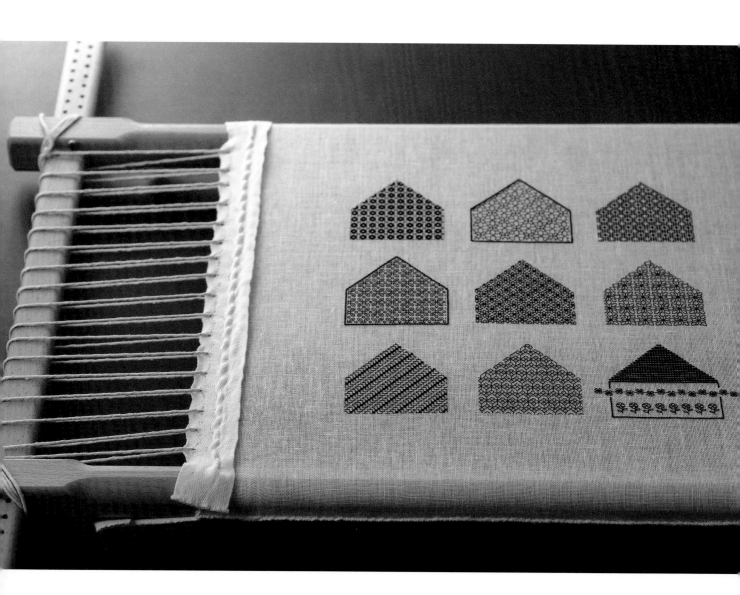

House Silhouette Sampler > P.72

350 × 350mm / 28ct / 25番刺繍糸

Lily & Tulip Silhouette Sampler > P.73

275 × 160mm / 28ct / 25番刺繍糸，アブローダー #16, #20, #25

Cushions > P.74

430 × 430mm / 28ct / 25番刺繍糸, アブローダー #16, #25

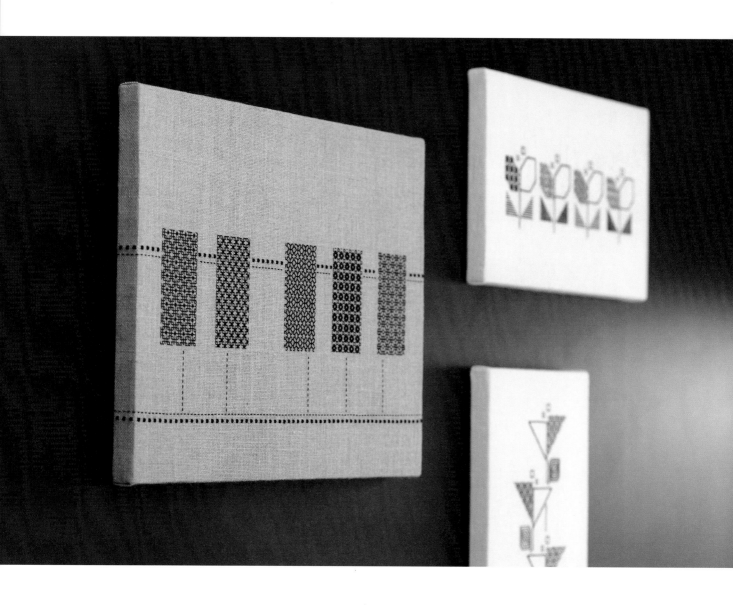

Piano Silhouette Sampler（参考作品）

245 × 335mm / 28ct / 25番刺繍糸 , アブローダー #25
参考 _ BASIC PATTERN A（P.30）/ B（P.32）/ E（P.38）/ F（P.40）/ H（P.44）

N > P.62

※ P.16〜19は Linen 28ctに刺繍。ほぼ実寸で掲載しています。

O > P.63

P > P.64

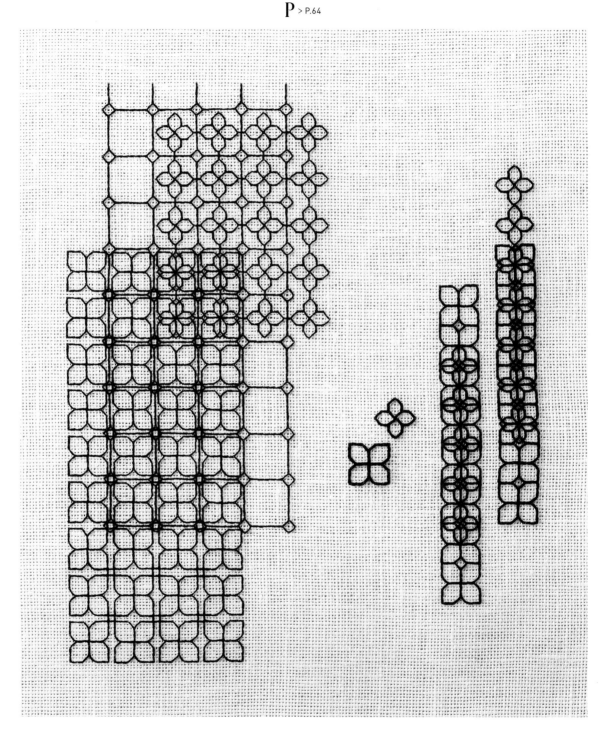

Q > P.65

Tote Bag > P.76

310 × 260 × 120mm / 28ct / 25番刺繍糸，アブローダー #20

Tea Mats > P.78

250 × 360mm / 25ct / ミシン刺繍糸 , 25番刺繍糸 , アブローダー #16, #25

R > P.66

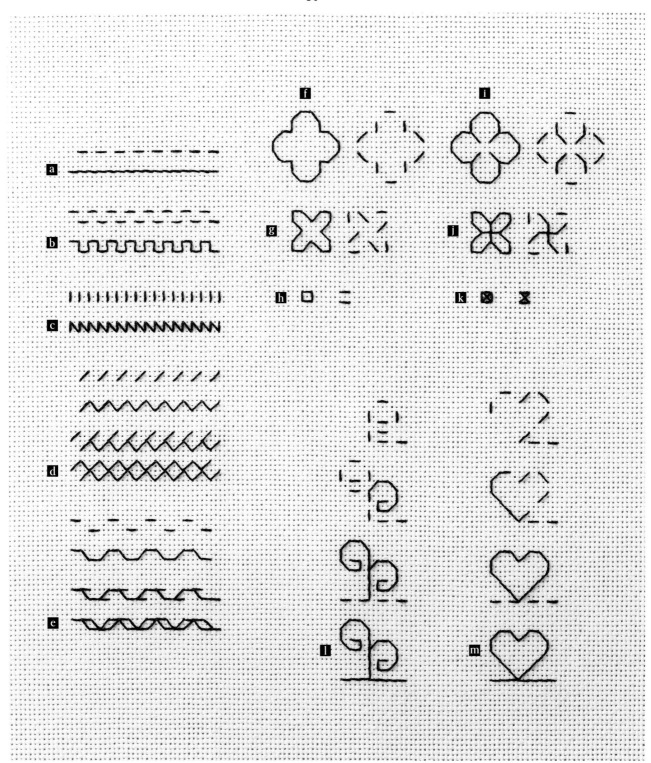

※ P.22 ～ 25 は Cotton 18ct にアブローダー #25 で刺繍。93％ に縮小して掲載しています。

R > P.66

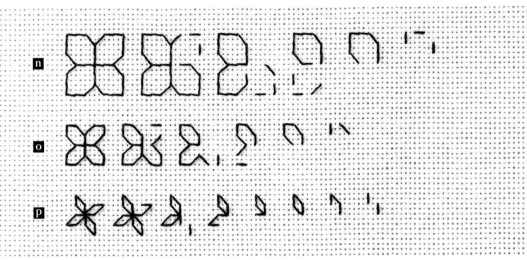

S > P.68

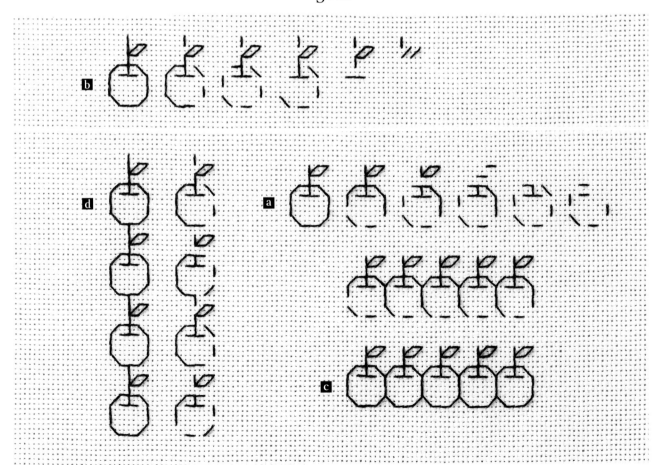

T > P.69

fとgはP.24-25に渡り完成までの過程を示しています

T > P.69

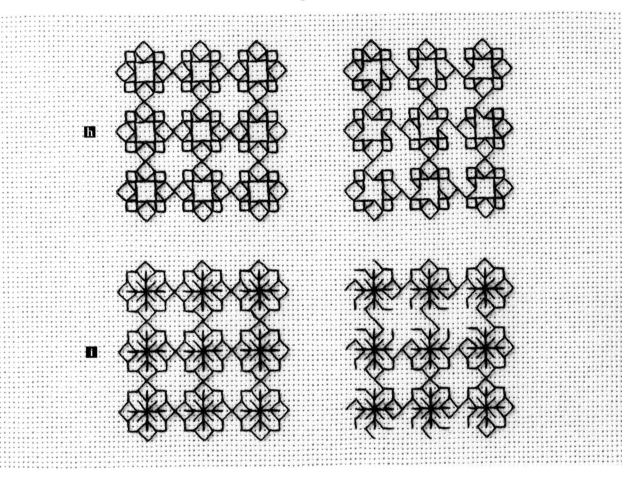

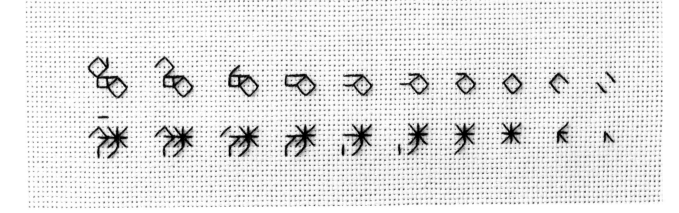

Materials & Tools
材料と道具

■ 刺繍布

平織りの刺繍布を使用。ct=カウント は、1インチ（2.54cm）あたりの織り糸の数。数字が大きいほど目が細かくなる。混乱しやすいリバーシブルなどではカウント数の小さなものがおすすめ。

・Zweigart
　　Linen　28ct, 25ct：白色（Col. 100 White）
　　　　　　　 25ct：麻色（Col. 053 Raw Linen）
　　Cotton 18ct：白色（Col.1 White）を使用。
・DMC LINEN
　　28ct：白色（B5200）を使用。

■ 刺繍糸

すべて黒色（310）を使用。
・DMC コットンアブローダー ♯16, 20, 25
・DMC 25番刺繍糸
・DMC Machine Embroidery Thread size 50weight（ミシン刺繍糸）
　※ミシン糸で代用する場合は90番手がよいでしょう。

■ 刺繍針

一般的にクロスステッチ用として販売されている、先端の丸いものを使用。
・タペストリー針 No.26, 24, 22

■ 裏布

裏地や芯地に薄いグレーの生地を使うと、裏糸が目立たず、布目も引き立ち美しく仕上がる。

〈 その他の材料や道具 〉

・待ち針
　　目を数える時にマークする。
・色糸
　　刺繍をする前に、中心線や刺繍範囲の目印として使用。水色やピンクなど、薄い色のものがよい。
・カーブニードル
　　裏糸の始末をする時に、あると便利。
・刺繍枠とスタンド
　　スタンドのある刺繍枠だと、視点がぶれず両手が使えるので便利。

基本のテクニック

ステッチを始める前に

1 2つのステッチと図の見方

基本はBS（バックステッチ＝返し縫い）とRS（ランニングステッチ＝なみ縫い）。複雑な幾何学模様もこの繰り返しでできています。

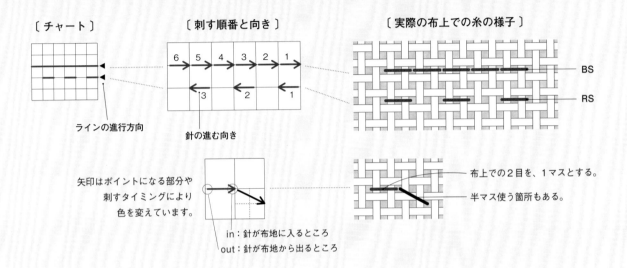

〔 チャート 〕 〔 刺す順番と向き 〕 〔 実際の布上での糸の様子 〕

ラインの進行方向

針の進む向き

矢印はポイントになる部分や
刺すタイミングにより
色を変えています。

in：針が布地に入るところ
out：針が布地から出るところ

布上での2目を、1マスとする。

半マス使う箇所もある。

2 BSとRSの違い

直線はBS・RSどちらでも刺すことができ、チャート上は同じですが、仕上がりには違いがあります。

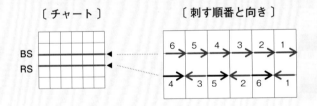

〔 チャート 〕 〔 刺す順番と向き 〕

BS

RS

BS：縫い目が歪みにくく表側はきれいに仕上がるが、裏に糸が多く
　　渡る。縫い目が立体的で可愛らしい印象。

RS：裏表同一に刺すことができる。少ない糸で刺すことができる。
　　糸同士の干渉や織り目の影響を受けやすく、縫い目が歪みやす
　　い。縫い目が平面的で破線を刺すとすっきり仕上がる。

3 刺しはじめと刺し終わり

【刺しはじめ】
・ステッチの邪魔にならない位置に針を入れ、布の表に8cmほどの糸端を残してステッチをはじめます。
・糸を出しておく位置は、後からステッチをするところや縫い代など、針の跡が目立たないところがおすすめです。

【糸継ぎ】
・刺していた糸の残りは、邪魔にならない位置の布の表に出しておきます。刺しはじめと同じ要領で新しい糸を足します。
・直線が続いているところや縫い目が集中しているところですると、糸の始末がしやすいでしょう。

【糸の始末】
・ステッチが終わったら、布の表に出ている糸を裏に引き出し、ほどけないよう裏糸に数回絡めて切ります。

知っておきたいこと

1　布目と糸を引く方向の関係

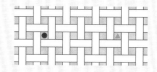

平織りの布には、織り糸の重なり方によって2種類の目があります。
常に同じ目に刺す習慣をつけることで、仕上がりがきれいになり、目数も数えやすくなります。
本書の刺し方図はできるだけ織り目の影響を受けにくい方法をご紹介していますが、●に刺した方が
より歪みが少なく形が整います。

〔 ●の目に刺した場合 〕　　〔 ▲の目に刺した場合 〕

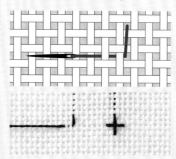　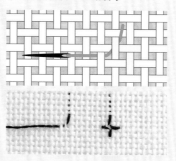　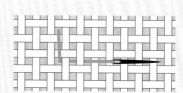

▲が間違っているという訳ではなく、逆回りで刺せばきれいに仕上げることができる。

左側に直角に糸を引いてもステッチが流されない。左回りに十字を刺すときれいに仕上がる。

左側に直角に糸を引くと布のタテ糸の間に入ってしまう。左回りに十字を刺すと中心が歪む。

2　きれいに刺すための針運び

手順通りに刺しても形がきれいに仕上がらない場合は以下のことに気をつけてみましょう。

■ テンションを揃える

毎ステッチ、糸の引き具合を同じにしましょう。
特にすぐ同じ位置に戻る場合や（図1参照）、糸が集中する部分は先に刺してある糸の影響でテンションが乱れやすいので気をつけます。
糸の集中している部分はinにするときれいに揃います（図2参照）。
全てinにすることが難しい場合は、できれば最後のひと針をinにしましょう。

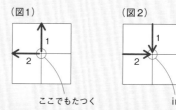

（図1）　（図2）

ここでもたつく　　in

（図3）

■ 刺繍糸をスプリットしない

先に刺した糸を割らないように気をつけます。
RSで直線を往復する場合は特に注意が必要です。復路では往路の糸をまたぐように気持ち斜めに針を運びます。斜めの向きをそろえます（図3参照）。

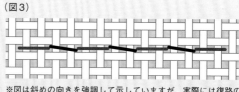

※図は斜めの向きを強調して示していますが、実際には復路の糸もほぼまっすぐに並びます。

ブラックワークでは、パターンの周りを囲ったり、アクセントとしてアウトラインステッチやチェーンステッチなどを使うこともあります。RSによる往復は一般的にはダブルランニングステッチ（別名：ホルベインステッチ）と呼ばれていますが、本書では、できるだけシンプルに分かりやすくするため、使用するステッチはBSとRSのみとし、ダブルランニングステッチもRSと表現しています。

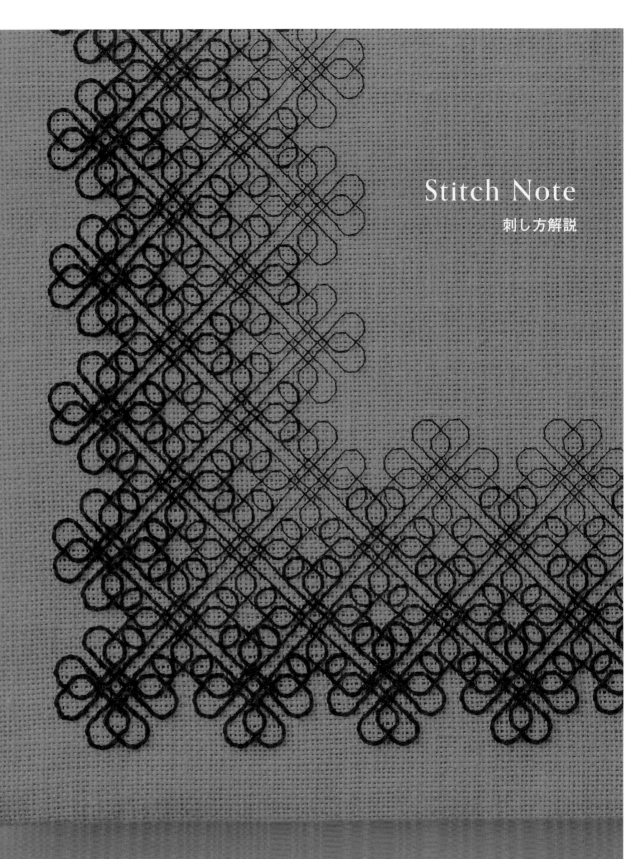

Stitch Note
刺し方解説

A

see > P.6

縦線と横線を組み合わせる

最も基本的な考え方です。多くのパターンがこのように縦方向の
往復と横方向の往復で刺すことができます。
単純な線の繰り返しのため、刺し位置の間違いに注意しましょう。
ミスを防止するために、始めに横方向のステッチを一行しておい
てもよいでしょう。

1 下から上へ進む

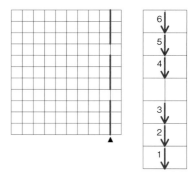

2 上から下へ進む

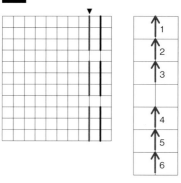

3 **1**〜**2**を繰り返す

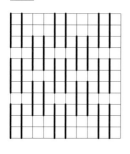

4 左から右へ進む

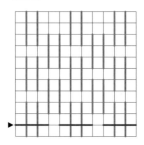

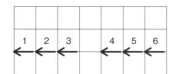

5 右から左へ進む
途中でクロスを加える

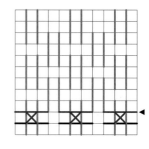

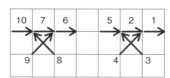

クロスを省略したり縦線と横線の交わる位置を変えるだけで、異なるパターンになります。

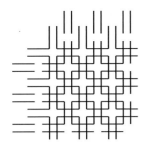  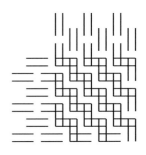

6 **4**〜**5**を繰り返す

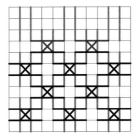

7 完成

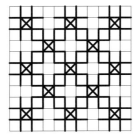

クロスを刺すタイミングとその違い

枠付きクロスは、クロスを刺すタイミングで形が変わります。クロスを先に刺すとやや大きめに、後で刺すと小さめで中が黒く詰まった印象に。ここではクロスを後に刺す方法を示しています。どちらにするかは好みやデザインに応じて決めればよいですが、順番は統一しましょう。形が揃い、きれいに仕上がります。P.55 **e** のパターンはクロスを先に刺しています。

〈 クロスを先に刺す 〉　　　〈 クロスを後に刺す 〉

BASIC PATTERN

B

see > P.6

直線を2列セットで刺す

2列の直線をセットで刺す方法です。PATTERN A（P.30）のように
一直線に刺す場合に比べると、やや歪みやすくはなりますが、同
一列内の線と線の間が離れている時はこのように2列をまとめて
刺すのがおすすめです。裏に渡る糸が目立ちにくく、布目を数え
るのも楽だからです。規則的にジグザグに進むことで、裏糸の引
きのバランスがとれ、歪みはあまり目立ちません。

1 下から上へ進む

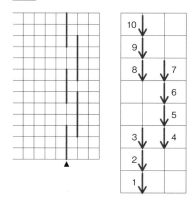

2 上から下へ進む

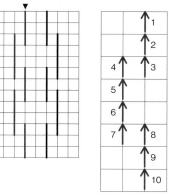

3 ■～■を繰り返す

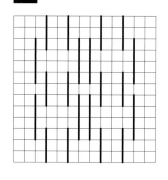

4 ■～■と同様に
左から右へ進む

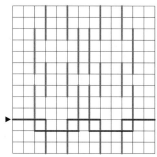

5 ■～■と同様に
右から左へ進む

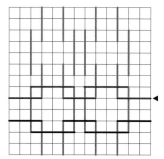

6 ■～■を繰り返す

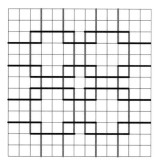

7 下から上へ
BSで直線を刺す

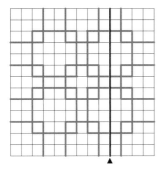

8 上から下へ
BSで直線を刺す

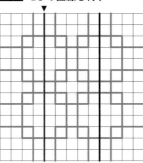

9 **7**〜**8**を繰り返す

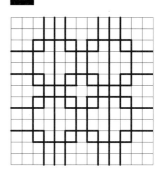

10 左から右へ進む
途中でクロスを加える

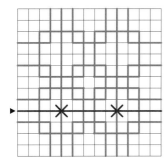

11 右から左へ進む
途中でクロスを加える

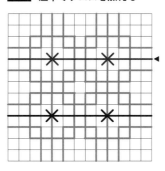

12 **10**〜**11**を繰り返す

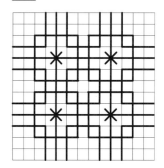

10

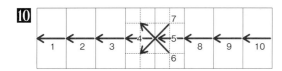

11

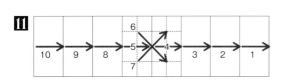

直線とクロスの刺し方

10, **11**のように5まで真っすぐ進み、4, 5の間にクロスを重ねます。裏糸が鋭角に渡ると、クロスがくっきりと立体的に仕上がります。

33

C

see > P.6

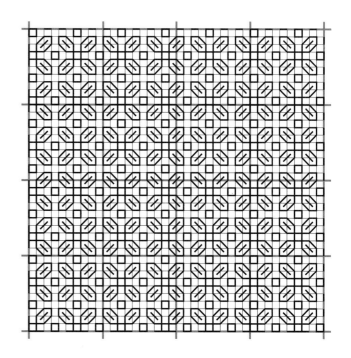

上下左右を非対称に分割する

分割には様々な考え方があります。上下左右が対称のパターンで
も非対称に分割することで刺しやすくなることも。
このパターンでは斜線は続けて刺すとまとまりがよいので、**6**,
7で一気に刺しています。パターンの特性に合わせて、分割の方
法を工夫しましょう。

1 下から上へ進む

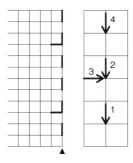

2 上から下へ進む

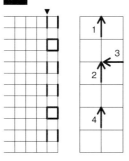

3 下から上へ進む

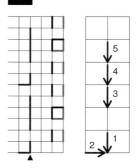

4 上から下へ進む

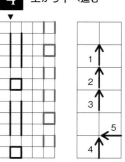

5 **1**〜**4**を繰り返す

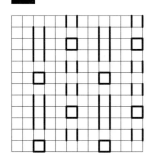

6 左から右へ進む

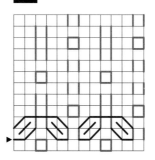

7 右から左へ進む

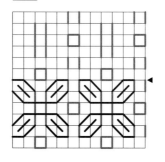

8 **6**〜**7**を繰り返す

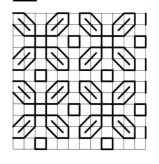

BASIC PATTERNを作品に使う

ベーシックパターンは、どこでパターンを切るかによって雰囲気が変わります。本書では、各パターンのイメージを固定しないために、できるだけ上下左右が非対称になる位置で80目×80目の範囲を切るように心掛けました。 パターンを活用する時には、どのパターンを使うかだけでなく、どこの部分を使うか、糸の太さはどうするか等も考え、好みのデザインに仕上げてください。

〔 デザインエリアをベーシックパターンで埋める方法 〕

1. 布に消えるペン、あるいは糸(ランニングステッチ)で
エリアを描き、その中にパターンを刺す(図1)

どのようなデザインにも使える一般的な方法です。エリアを描く時は、布の歪みに注意しましょう。本書掲載作品のように直線的な形の場合は、ペンで描くよりも糸で囲った方が布目がずれることもなく、きれいに仕上がります。
色糸の繊維残りが目立たないように水色などの淡い色の糸を使います。糸をやや緩めにザックリと囲っておくと、パターンを刺す時に邪魔なら糸を横にずらすことができて便利です。

2. パターンのチャートを刺したい形にマスキングして、
そのチャートに従って刺す

大きなデザインや部分的にパターンを変えるようなデザインには使えませんが、単一のパターンで小さめの形を埋める場合は、パターンの模様がどの位置にどのように現れるかがあらかじめ分かり、思い通りのデザインにすることができます。 また、布に描くのとは違って、チャート上(紙の上)でデザインを決めるので、小さめで複雑な形でも比較的エッジのラインをきれいに出すことができます。

※エッジのラインができるだけなめらかに見えるように、
必要に応じてハーフステッチ(1目で1ステッチにする)に
したり、ステッチを間引いたりするとよいでしょう。

(図1)

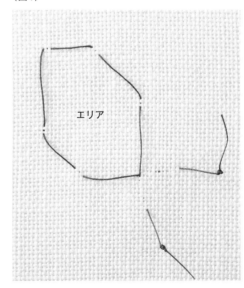

エリア

D

see > P.6

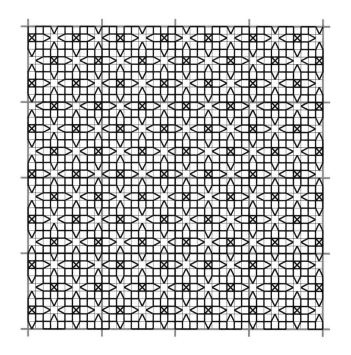

ガイドになるものを先に刺す

目印になるような分かりやすいパーツを先に刺しておくと、その後のステッチの位置が分かりやすく、スムーズに進みます。
このパターンでは **1**〜**3** の十字。シンプルな3マスごとの繰り返しなので、目印にぴったりです。

1 下から上へ進む

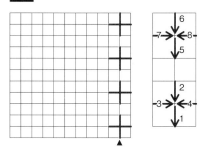

2 上から下へ進む

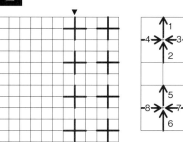

3 **1**〜**2**を繰り返す

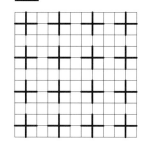

4 下から上へ進む
1と5では半マスを使う

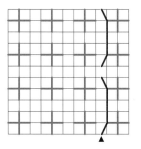

5 上から下へ進む
1と5では半マスを使う

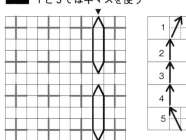

6 **4**〜**5**を繰り返す

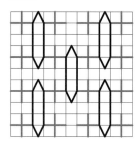

arrange

斜線を1目分長くして、
クロスを省略します。

---

7 左から右へ進む
1と5では半マスを使う

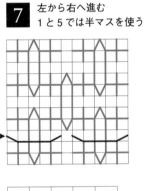

---

8 右から左へ進む
1と7では半マスを使う

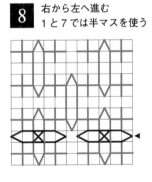

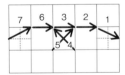

---

9 **7**〜**8**を繰り返す

BASIC PATTERN

E

see > P.7

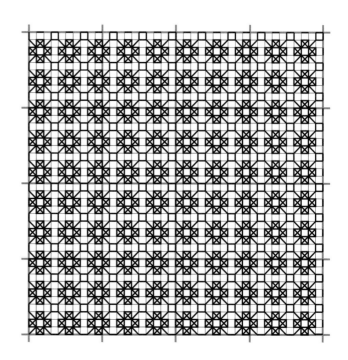

縦線と斜線をジグザグに進む

枠付きクロス（四方を囲まれた1マスの中にクロスが入ったもの）の花が特徴的ですが、ベースはP.39 `arrange` 左側の八角形パターンです。縦線と斜線を組み合わせたジグザグは多くのパターンに含まれています。このジグザグの刺し方は裏糸の引きのバランスがよいので歪みにくく、あまり角張らない波線になります。この方法で八角形のパターンを刺すと、丸みを帯びた形になります。

1 下から上へ進む

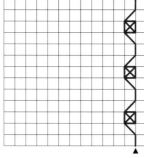

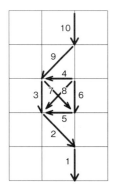

2 上から下へ進む

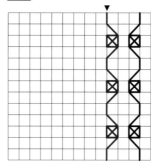

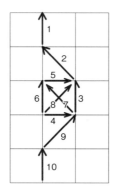

3 **1**～**2**を繰り返す

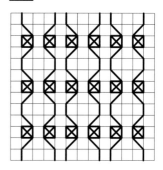

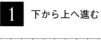

八角形の中に ✳ などを加えたい時は、
横線を刺す左右往復時に
流れのよいタイミングで加えるとよいでしょう。

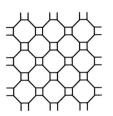
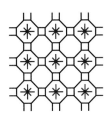

4 左から右へ進む

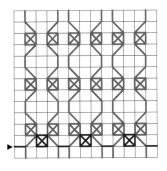

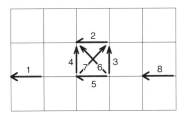

5 右から左へ進む

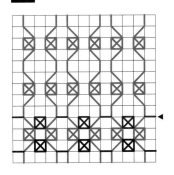

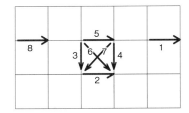

6 **4**〜**5**を繰り返す

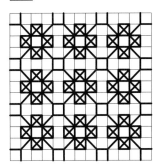

F

see > P.7

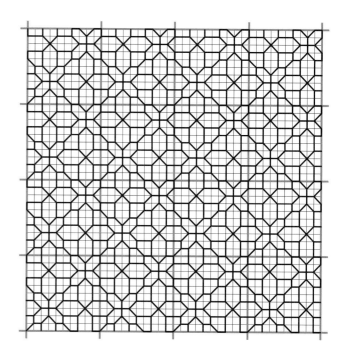

中心が十字の形を分割する

2種類の花のような形がびっしり並んだモザイク状のパターンは、形にとらわれると刺しにくく、全体のバランスもとれません。このようなパターンは分割した方がよいでしょう。分割しても中心の十字が歪まず、きれいに仕上げるポイントは **1** の9の針の向きです。中心がinになるようにここで針の向きを変えて次のステッチに鋭角につなげています。

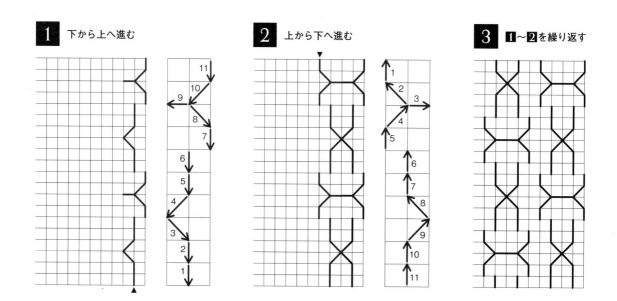

1 下から上へ進む

2 上から下へ進む

3 **1**〜**2**を繰り返す

4 左から右へ進む

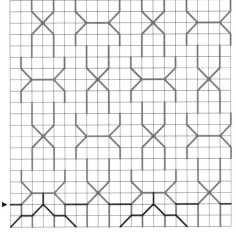

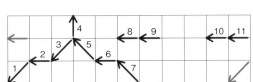

5 右から左へ進む

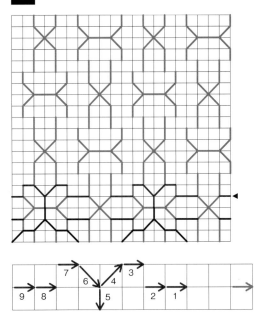

6 **4**〜**5**を繰り返す

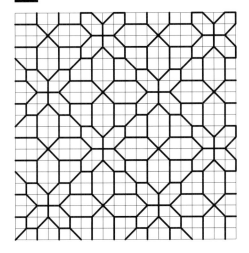

arrange

揃えて並べ、部分的に省略します。

G

see > P.7

ジグザグを組み合わせる

斜めのステッチは縦や横よりも1ステッチが長く、布の織り糸を
斜めにまたぐことになるため歪みやすい傾向がありますが、歪み
方が揃っていれば全体としてはあまり気になりません。ひし形が
並んだパターンは、ひし形をひとつひとつ刺すよりもジグザグを
組み合わせた方がバラつきなく、きれいに仕上がります。

---

1 左から右へ進む

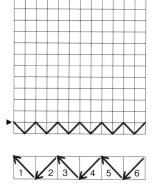

2 右から左へ進む

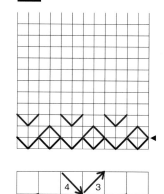

3 **1**と同様に
左から右へ進む

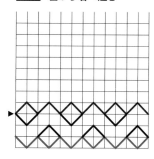

---

4 **1**と同様に
右から左へ進む

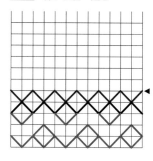

5 **2**と同様に
左から右へ進む

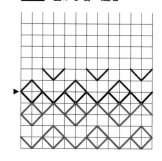

6 **1**と同様に
右から左へ進む

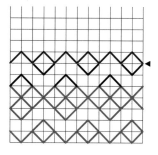

飛び目のジグザグの位置を
変えます。

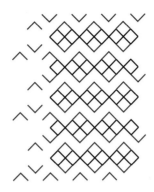 

7 ❶〜❻を繰り返す

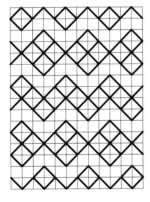

8 下から上へ進む

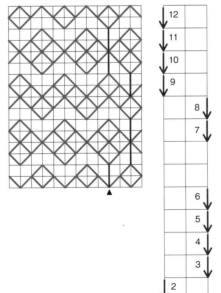

9 ❽と同様に
上から下へ進む

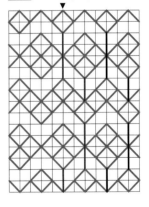

10 ❽〜❾を繰り返す

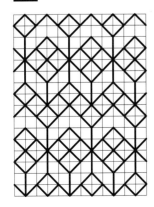

H

see > P.7

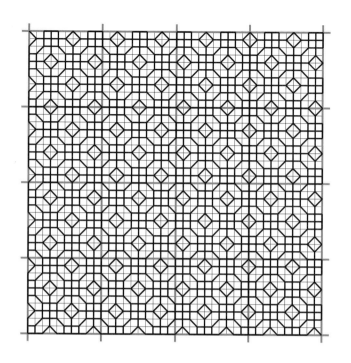

2種類のパターンに分けて刺す

一見複雑なパターンも、2つに分けることで刺しやすくなることがあります。複雑そうなパターンを刺す時は、まずはパターンの構造を知ることが大切です。構造が分かれば、おのずと刺し方を工夫することができます。パターンの中に見慣れた形が隠れていないか、ぼんやり眺めてみましょう。構造が見えてきます。

1 下から上へ進む

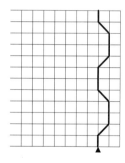

2 上から下へ進む

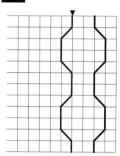

3 1〜2を繰り返す

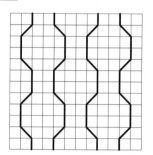

4 左から右へ進む

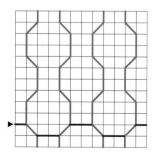

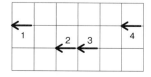

5 右から左へ進む

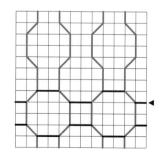

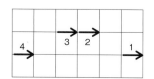

6 4〜5を繰り返す

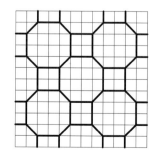

44

糸を変えるだけで違うパターンに見えます。異なる太さで刺す場合、細い糸を先に刺すとよいでしょう。

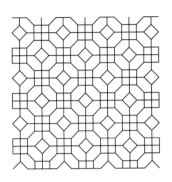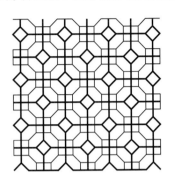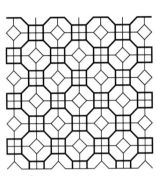

7 下から上へ進む

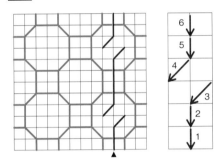

8 上から下へ進む

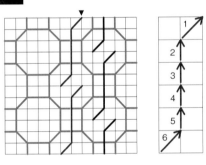

9 **7**〜**8**を繰り返す

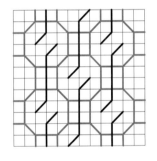

10 左から右へ進む

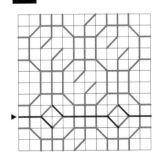

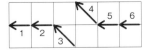

11 右から左へ進む

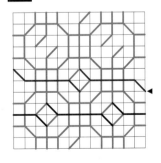

12 **10**〜**11**を繰り返す

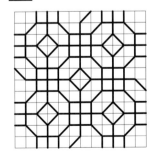

see > P.8

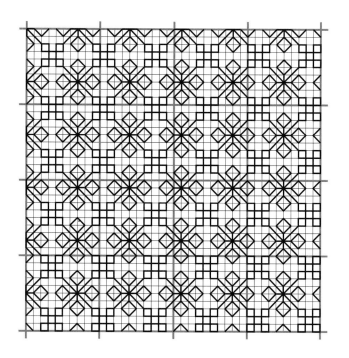

形を仕上げながら上下に進む

細かなパターンはひとつひとつの形よりも全体のバランスの良し
悪しが出来栄えを左右しますが、大柄はそれぞれの形に見る人の
意識が向くので、分割しすぎない方が仕上がりが美しくなることも。
刺しやすさと形のまとまりの両方を考慮し、バランスのよい刺し
方をしましょう。

1 下から上へ進む

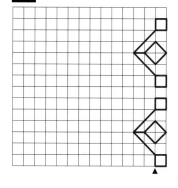 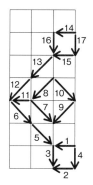

2 上から下へ進む

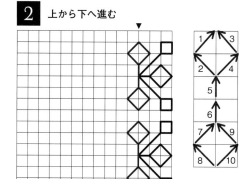

3 下から上へ進む

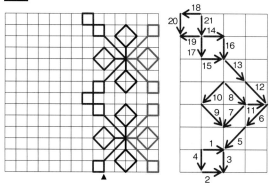

4 上から下へ進む

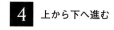
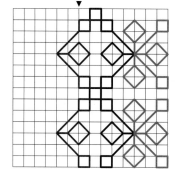 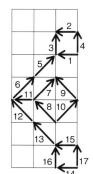

arrange

端の5つの正方形を
つなげて刺したい場合は、
図のようにBSで一巡すると
よいでしょう。

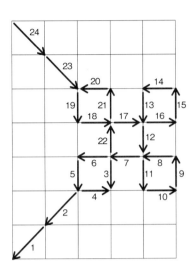

more

斜線からつながる四角は、
斜線の延長線上の角から刺しはじめると、
四角も斜線も歪まずきれいに刺せます。

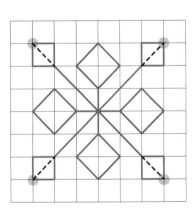

5 下から上へ進む

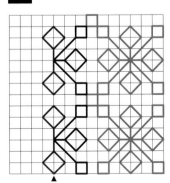

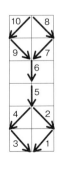

6 上から下へ進む

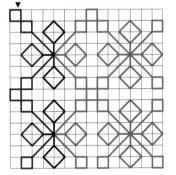

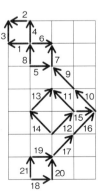

47

BASIC PATTERN

J

see > P.8

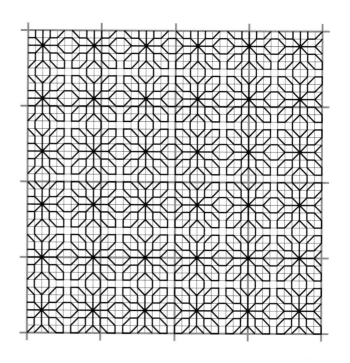

形を仕上げながら上下左右に進む

PATTERN I (P.46) と同様、形をひとつひとつ仕上げながら刺し
進めます。六角形をBSで一巡するとスタート地点に戻ってしま
いますが、このパターンのように形を仕上げながら先へ進む場合
はBSで一巡するのではなく、右側を刺したら一旦戻って左側を
刺すというように分けて刺すと、スムーズに進むことができます。
この方法は裏糸の引きのバランスがよく形も整います。

1 下から上へ進む

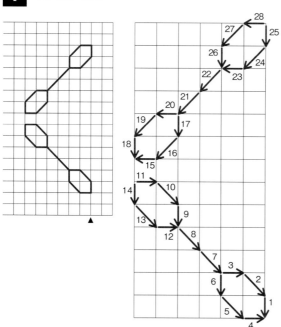

2 上から下へ進む。**1**〜**2**を繰り返す

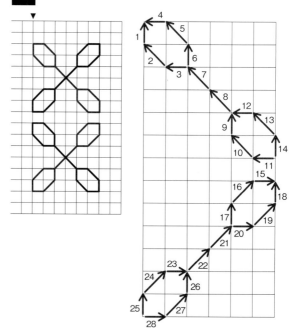

3 下から上へ進む

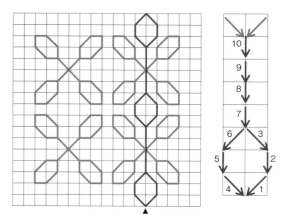

4 上から下へ進む。**3**〜**4**を繰り返す

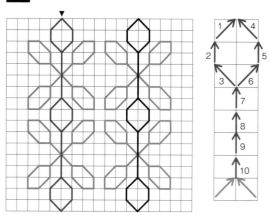

5 左から右へ進む

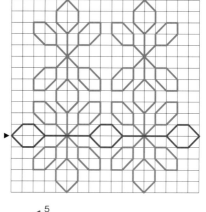

6 右から左へ進む

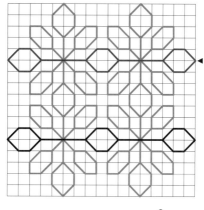

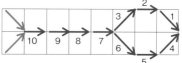

7 **5**〜**6**を繰り返す

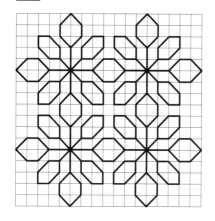

K

see > P.8

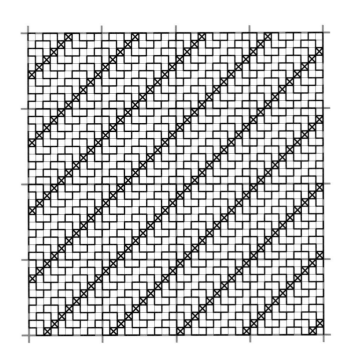

斜めに往復する（一方向）

このようなパターンは斜めに進むと分かりやすくスムーズに刺せますが、一方向のみの斜め往復は布が歪みやすいため、糸の引き加減に注意しましょう。ここでは角がきれいな直角になる刺し方を示しています。この刺し方は糸を引く方向と布目の関係にやや依存します。左上がりにしたい場合は、本を横向きにして刺し方の図を見る、あるいは布を横向きにして刺すとよいでしょう。

1 左下から右上へ進む

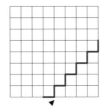 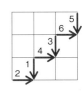

2 右上から左下へ進む

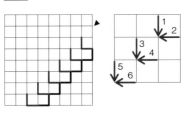

3 左下から右上へ進む

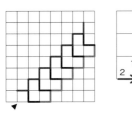 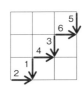

4 右上から左下へ進む

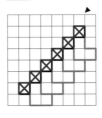 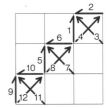

5 左下から右上へ進む

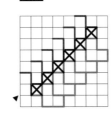

6 右上から左下へ進む

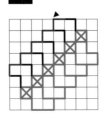

7 **1**～**6**を繰り返す

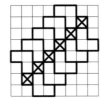

刺し方による仕上がりの違い

1針ごとに向きが変わる階段状のステッチは、布目の影響を受けやすく、どのように刺し進むか（どのように裏糸を引くか）によって仕上がりに違いがでやすい形の1つです。
ステッチに慣れてきたら、いろいろ試して、好みの仕上がりになる刺し方を見つけるとよいでしょう。

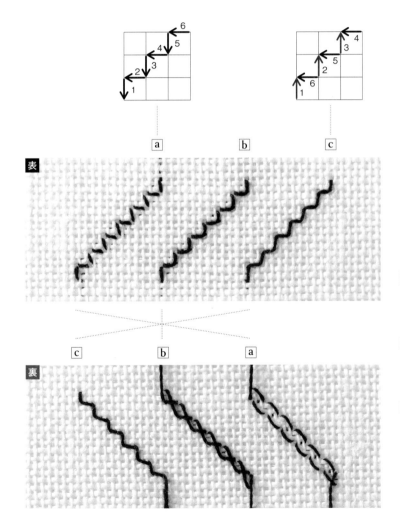

サンプルは25ctの布に25番刺繍糸1本取りでステッチしたもの。

a：一般的によく使われる刺し方。角がやや鋭角で尖った印象。

b：PATTERN Kで使った刺し方。角がほぼ直角できっちりした印象。

c：ランニングステッチで往復。角がやや鈍角で緩やかな印象。

L

see > P.8

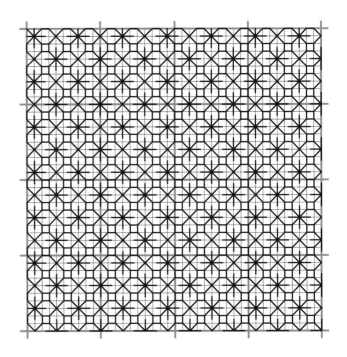

斜めに往復する（両方向）

PATTERN K のように、一方向のみの斜め往復で刺す場合は布の
歪みに注意が必要ですが、右上がりと左上がりの両方向に往復す
る場合は、歪みの心配はほとんどありません。
同じパターンでもいろいろな刺し方が考えられます。このパター
ンでは、よりスムーズにきれいに刺せる斜めに進む方法を採用し
ましたが、比較のために上下に進む方法も付記しました。

1 左下から右上へ進む

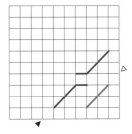 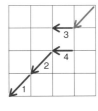

2 右上から左下へ進む

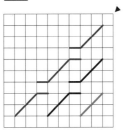  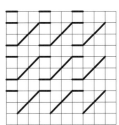

3 **1**〜**2**を繰り返す

4 左上から右下へ進む
5〜8は3目で1ステッチにする

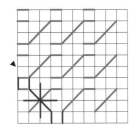 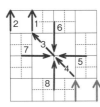

5 右下から左上へ進む

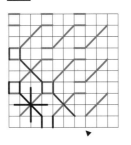 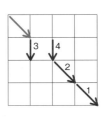

6 **4**〜**5**を繰り返す

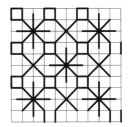

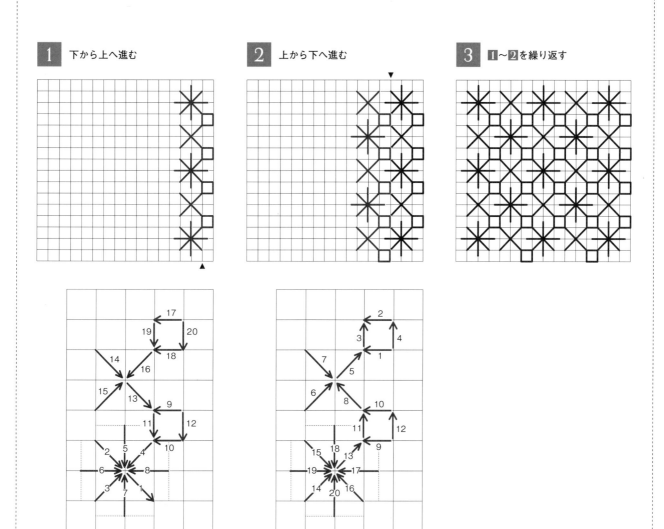

1 下から上へ進む **2** 上から下へ進む **3** **1**〜**2**を繰り返す

斜線からつながる四角は、進んできた斜線の延長線上の角から刺しはじめて、次に進む斜線の延長線上の角で終わるようにすると、四角も斜線も歪まずきれいに刺せます。（P.47 PATTERN I more 参照）

BORDER

M

see > P.9

ボーダー

かわいいボーダー模様の刺し方と刺す時の考え方をご紹介します。基本的に、横並びのパターンは右から左へ、
縦並びは下から上へ進みます。進む向きを変えたい場合は、本、あるいは布の向きを変えて刺すとよいでしょう。
※ **d**, **e** のみ左から右へ進む刺し方です。このように非対称のパターンは、形の特徴に適した進み方を考えましょう。

---

attention:

■ チャート P.58 参照

■ ベーシックパターンとは異なり、数字で順番を、矢印の色でポイントになる部分を示しています。

■ 次のパターンへの渡り方をイメージしていただくためにパターンを並べ、スタート位置のみを
加えました。ご自身で刺し方を工夫した際にはメモとしてご活用ください。

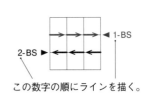

この数字の順にラインを描く。

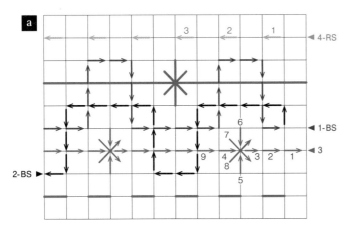

真っすぐに仕上げたい◀3の直線は後で刺すとよいでしょう。
◀4 は RS。破線は BS より RS の方がすっきりします。

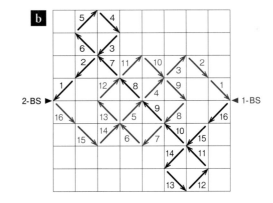

ひし形はひとつひとつ刺すよりも、線を
組み合わせた方がスムーズにバランスよ
く刺すことができます。

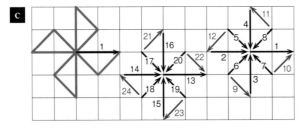

1〜4 は 4 目を 1 ステッチで刺すと直線がすっきりします。基
本的には形が揃うように進行方向は統一すべきですが、この
パターンは先端を in にして鋭角を際立たせることを優先して、
9〜12 は左回り、21〜24 は右回りにしています。

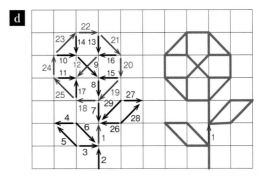

花を丸く可愛らしい形にするために、外周の八角形
を最後に BS で一周して刺しています。葉の先端は
in にするとくっきりします。

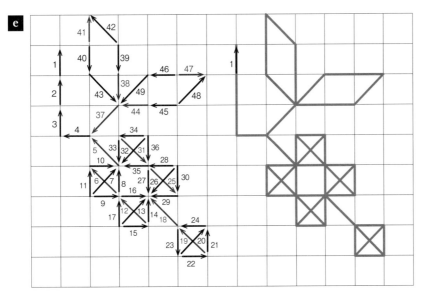

花を大きく、可愛らしくするため、枠付きクロスはクロスを先にしました(P.31参照)。

クロスを先に刺す場合、四角は21〜24のようにBSで一周するとバランスがよく形が整いますが、花は内角がinになるように刺し方を変えています。糸が集中するところはinにすると刺しやすく、すっきりきれいに仕上がります。

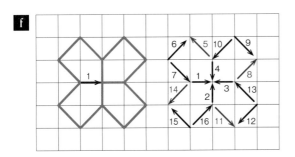

花びら(5と7、8と10など)がやや弓型で可愛い雰囲気になる刺し方。中心の穴が目立って気になる場合は、P.54 **c** の1〜4の刺し方にするとよいでしょう。

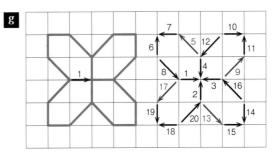

f と類似の刺し方です。P.57 **r** の内側とも類似しています。

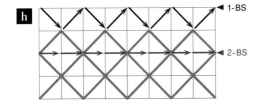

◀1のようにジグザグを順に4段刺してから◀2をBSします。真っすぐに仕上げたい直線(◀2)は後で刺すとよいでしょう。先に刺すとその後に刺す糸に引きずられて歪みやすいためです。

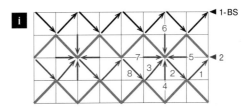

ジグザグを上から順に刺し、3段め(◀2)で十字を加えます。ジグザグに十字を加える時は、十字を後にした方が歪みにくいです。

j

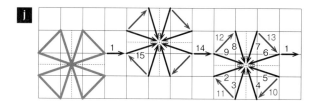

中心部分を先に刺し、後に外周をRSで一巡します。このように最後に外周を一巡する場合は、BSよりRSで刺す方が角が尖り、小さなパターンでも輪郭がくっきりします。

k

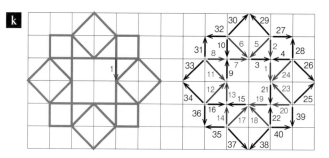

内側と外側を分けて刺す方法です。ラストと次のスタート位置が離れていますが、裏糸は目立ちにくい渡り方になっています。このパターンはリバーシブルの刺し方も紹介しています（P.71参照）。

l

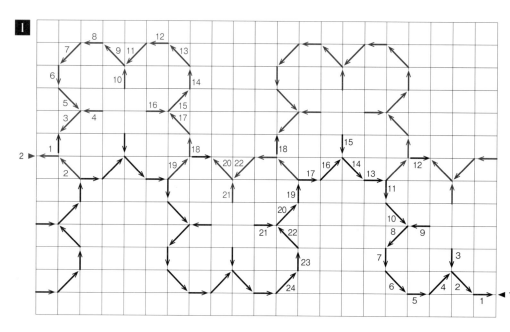

◀1に従い左端のパターンまで進み、続けて◀2に従い戻ります。2つのパターンのラインが重複しているところは、つながり部分の形がいびつにならず、裏糸もバランスよく渡るように工夫してあるため、刺し方がやや複雑になっています。

m

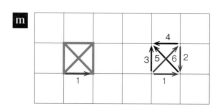

角張り、中が黒く詰まった四角になる刺し方です。裏糸は斜めに渡るようにすると目立ちにくいでしょう。

n

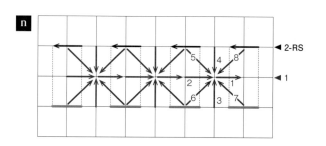

RSを先に刺すと◀1の刺し位置をRSが覆ってしまい刺せなくなります。中心の米はP.55 **i**とは異なり、斜線が後の方が歪みにくいです。

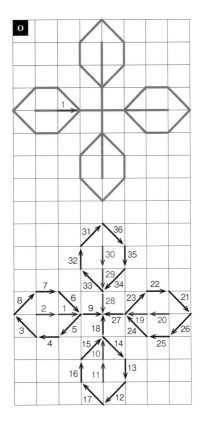

次のパターンへのつながりを考えると、ラストは中心よりも右上の方がよいので、27, 28 を変則にしてラストを右上にしています。中心を支点に左回りに進むように工夫してあるため、十字の部分は刺し方がやや複雑になっています。
P.65のように斜めに並べる方法は P.59 参照。

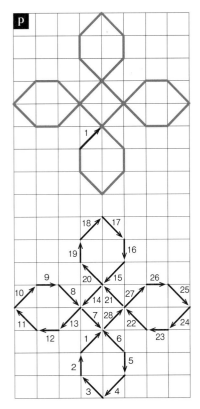

BSで形に沿って単純に一巡する最も基本的な刺し方です。スタート位置は次に刺すものへスムーズにつながるように、適宜変更するとよいでしょう。
P.65のように斜めに並べる刺し方と、重ねる場合の刺し方は P.61 参照。

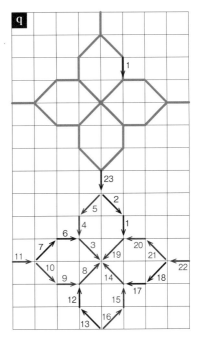

つなげて刺す場合は、裏糸の渡り方を考慮して、上の縦線は最後に刺します。1つだけ刺す場合や最初の縦線は、それぞれ5の後、16の後に刺します。両側の横線を省く場合は、その番号を飛ばして、そのまま続けます。
P.64のように上に縦線を付けずにつなげる刺し方は P.59 参照。

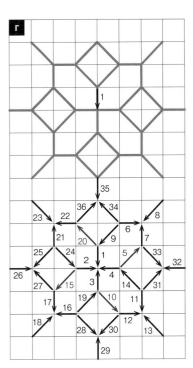

裏糸は斜めに渡った方が目立ちにくいですが、縦線でつながるパターンは垂直に渡った方がラストと次のスタートのステッチが歪まずきれいに仕上がります。裏糸の渡る距離が短かく、垂直に渡しても目立たないため、歪まないことを優先して、垂直に渡る刺し方にしました。

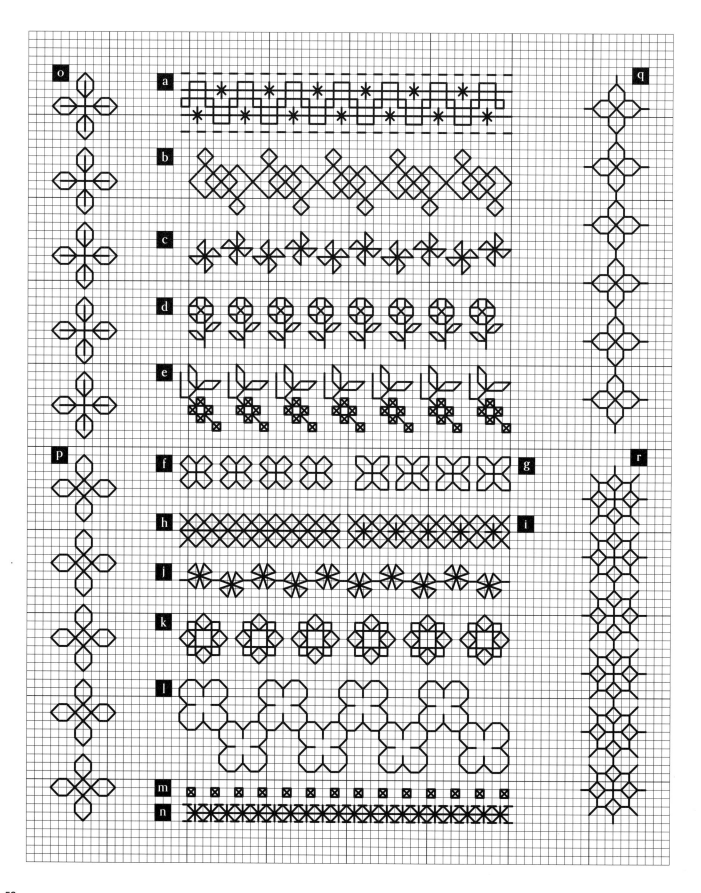

並べ方によって刺し方を工夫する

基本的にパターンは同じ刺し方を繰り返すことで、形が揃い、きれいに仕上がります。しかし、並べ方によっては裏糸が目立ってしまうことも。そんな時はパターンを回転してスタート位置をずらしたり、刺し方を一部変更してみましょう。

■ 回転して並べる（基本の刺し方はP.57 q 参照）

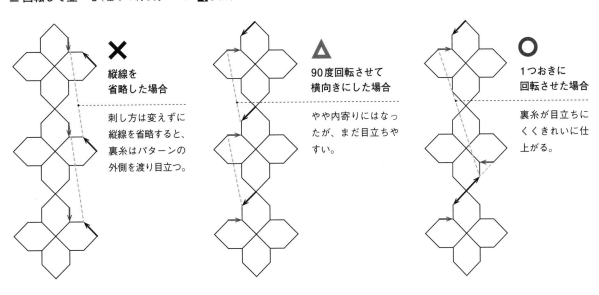

✕ 縦線を省略した場合

刺し方は変えずに縦線を省略すると、裏糸はパターンの外側を渡り目立つ。

△ 90度回転させて横向きにした場合

やや内寄りにはなったが、まだ目立ちやすい。

○ 1つおきに回転させた場合

裏糸が目立ちにくくきれいに仕上がる。

■ 刺し方を変更する（基本の刺し方はP.57 o 参照）

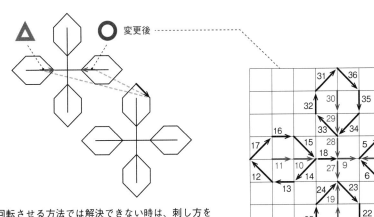

△　○ 変更後

回転させる方法では解決できない時は、刺し方を一部変更する。斜めに並べる場合、変更前の位置でも裏糸は目立ちにくい渡り方になっているが、できればもう少し近くにしたい。

単純に右回りにすると中心が歪みやすい（P.28参照）ため、右側から左、下、そして上の形に進むようにした。それに伴い中心で糸がもたつかないように9、27の向きを変更した。

パターンを重ねる

ひとつひとつのパターンは基本的には形に沿って BS で刺しますが、形を整えるための変則的な刺し方や、並んだパターンを効率的に刺す方法など、参考になりそうなものを例示しました。これらを参考に工夫してみてください。

〔 同じ形を向きを変えて重ねる 〕

→ をバックステッチで一巡。
向きを変えて→のバックステッチで一巡する。

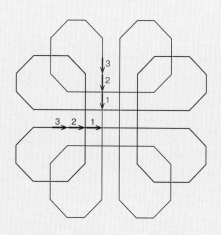

〔 45°回転させる 〕

左のパターンを回転させたような形だが、一部ステッチの数が異なる。

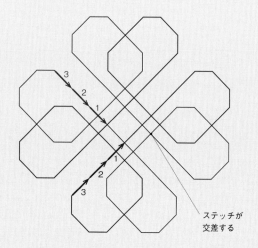

ステッチが交差する

〔 1つずつ刺す 〕

角の1つ前(7ﾍ)で向きを変えると、裏糸も渡らず角がすっきりする。

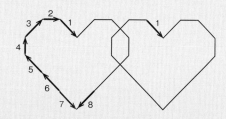

〔 2つまとめて刺す 〕

楕円を重ねて刺すとハートが2つできる。

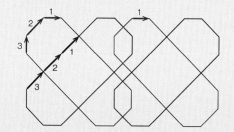

〔 斜線と四角をつなげる 〕

四角のスタートとラストが斜線の延長上になるようにすると、斜線も四角も歪まずに刺せる。

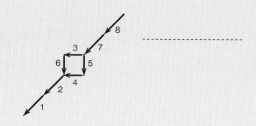

〔1マスあけて並べる〕

上下に往復して刺し、左上まで行ったら左右に往復して
start位置まで戻る。

〔つなげる〕

1マスあけて並べる場
合を参考に外周を刺し、
その後中心を刺す。

ここまで来たら
向きを変えて
左右に往復

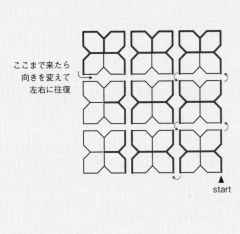

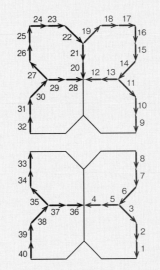

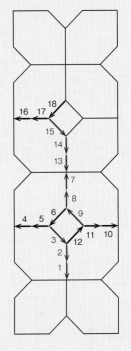

〔斜めに並べる〕

バックステッチで往復し、端まで行ったら残りを
バックステッチで往復してstart位置に戻る。

〔重ねる〕

スムーズに次のパターンにつながるように
スタート位置をずらす。

ここまで来たら
向きを変えて
往復

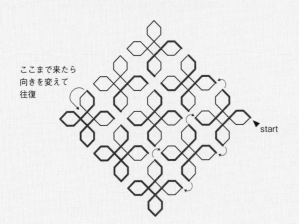

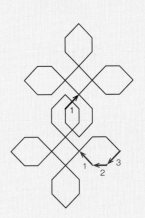

同じ形を重ねる 1 （パターンの刺し方：P.60）

複雑そうに見えても、同じ形の繰り返しだから簡単。重ねる位置を変えるだけで様々な形になります。
となりのパターンと重なった部分のステッチが交差している場合は、例えば右から左へ重ねる等、あらかじめ
重ね順を決めてから刺し始めるとよいでしょう。

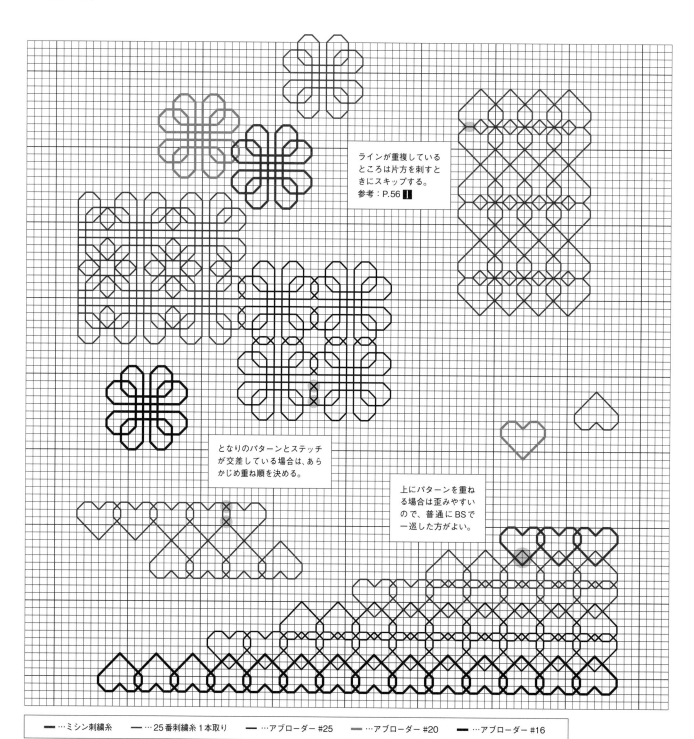

ラインが重複している
ところは片方を刺すと
きにスキップする。
参考：P.56 ▌

となりのパターンとステッチ
が交差している場合は、あら
かじめ重ね順を決める。

上にパターンを重ね
る場合は歪みやすい
ので、普通にBSで
一巡した方がよい。

| ━━ …ミシン刺繍糸 | ━ …25番刺繍糸 1本取り | ─ …アブローダー #25 | ▨ …アブローダー #20 | ━ …アブローダー #16 |

同じ形を重ねる 2 (パターンの刺し方:P.60)

太さの違う糸を使う時は、基本的に細い糸を先に刺します。太い糸を先に刺すと、太い裏糸の上に細い裏糸が
重なるため、裏糸が浮きやすく、裏側がかさ張ってしまうためです。

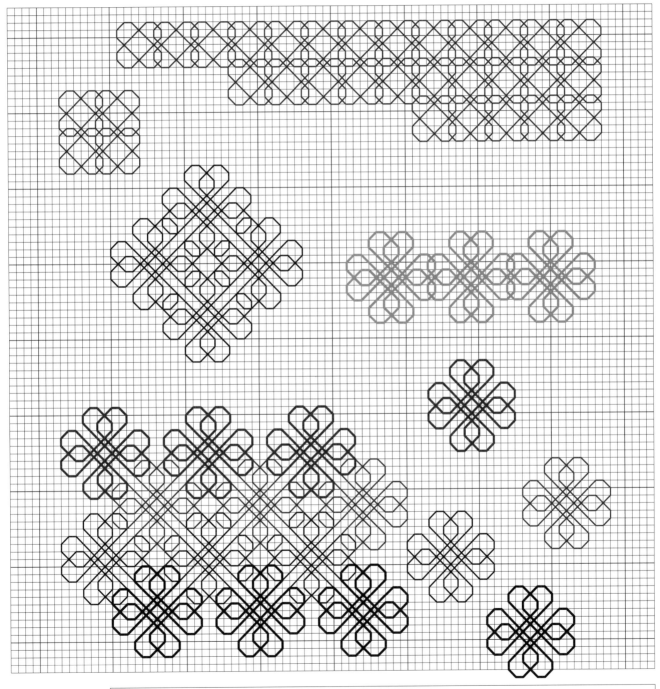

── …ミシン刺繍糸　── …25番刺繍糸 1本取り　── …アブローダー #25　── …アブローダー #20　── …アブローダー #16

P

see > P.18

違う形を重ねる 1 (パターンの刺し方：P.45, 57, 59, 61)

片方のパターンの刺し位置に他のパターンの縫い目が重なっている時は、刺し順に注意が必要です。ひし形の中に四角が入っている場合は、四角の角 (刺し位置) にひし形の縫い目が覆いかぶさる状態になるため、ひし形を先に刺すと四角が刺せなくなってしまいます。必ず四角を先に刺しましょう。

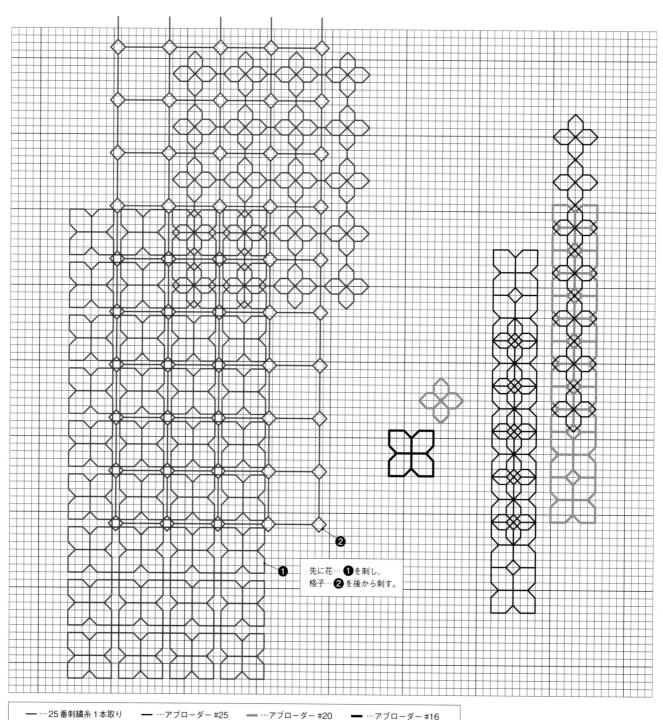

先に花…❶を刺し、
格子…❷を後から刺す。

── …25番刺繍糸 1本取り	── …アブローダー #25
── …アブローダー #20	── …アブローダー #16

違う形を重ねる 2（パターンの刺し方：P.57, 59, 60, 61）

パターンを1つ刺す時の針の進め方を参考に、デザインに応じて刺し方を工夫するとよいでしょう。ただし、もとの形とかけ離れた刺し方をすると、全体のイメージが変わってしまう場合もあるので気をつけましょう。

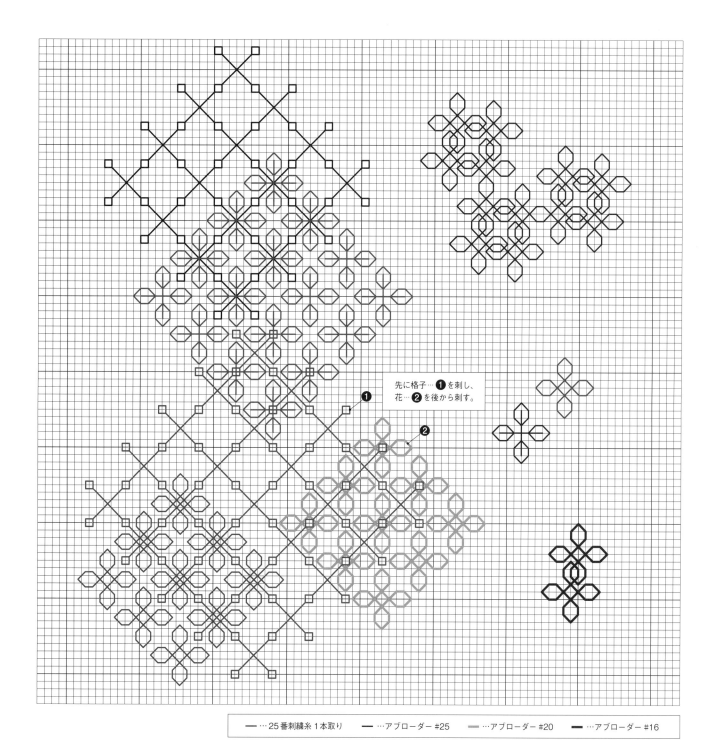

先に格子…❶ を刺し、
花…❷ を後から刺す。

——…25番刺繍糸 1本取り　——…アブローダー #25　——…アブローダー #20　——…アブローダー #16

6つの基本

ランニングステッチを繰り返すことで布地の表と裏に同じように糸が渡り、同じ模様を描き出す「リバーシブル」。
どんなに複雑なものでもここでご紹介する考え方で刺すことができます。
※ここでご紹介する刺し方は著者が考案したものであり、解説に独自の言葉を使っています（参照 P.71）。

刺しはじめと刺し終わり

表裏両側ともすっきりときれいな、ランニングステッチの往復
に適した方法です。

【刺しはじめ】
スタート位置の1目（半マス）前から針を刺し、ステッチをはじめる。
糸端は8cmほど残しておく（図1）。

【糸継ぎ】
古い糸は、最後のステッチの1目（半マス）先から糸端を出してお
く。新しい糸を同じ目から刺し、糸端を残して刺しはじめる（図2）。
刺し終えたら糸が出ている目から糸端を裏に出し、しっかり結ん
で解けない程度に糸端をステッチ糸に絡める。刺しはじめの糸端
と刺し終わりの糸端も同様に始末する。

※図2のように往路で糸継ぎをして表に糸端が出ている時も、復路ではその
目をまたいで普通にステッチします（図1のスタート部分のような状態）。
復路で糸継ぎをする時は、往路の表ステッチの脇から表に糸端を出し、新
しい糸も脇から刺します。糸端を出す位置はステッチはしない布目なので
支障はありません。

（図1）

（図2）
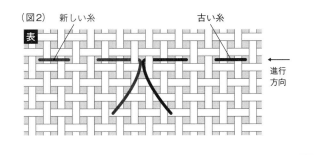

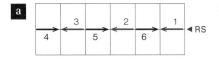

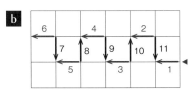

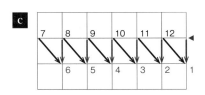

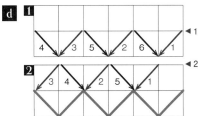

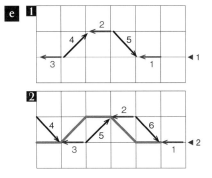

1. 線を描く

ランニングステッチの往復でいろ
いろな線を描くことができます。線を
組み合わせて簡単な形を作ることも
できます。**d**, **e**は斜線の歪みを抑
えるために、糸が集中したところが
inになるよう1往復したら糸を始末
して、改めて2段めを刺しています。

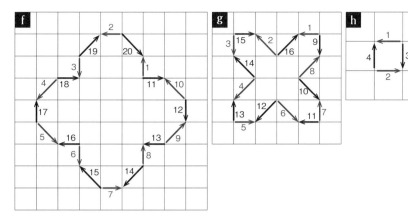

2. 形を描く

一巡して突き当たったら、折り返します。三角形や五角形など奇数の形は折り返さずに2周しても裏表同一に刺せますが、折り返す方が、どのような形でも描くことができて無難です。

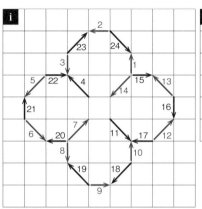

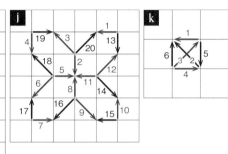

3. 形に枝をつける

枝は基本的には往路で付けた方が分かりやすく、形も整います。もし付け忘れても復路でリカバリーできます。花の中心の十字や四角の中のクロスも枝と考え、都度折り返すようにすると分かりやすいでしょう。この方法であれば、クロスのどちらの斜線を上にするかを確実にコントロールできます。

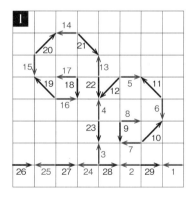

4. 線に枝をつける

どちらの枝に先に進んでも構いませんが、分岐点に戻った時に進む方向を間違えないようにしましょう。

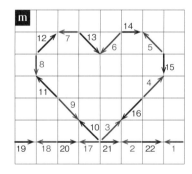

5. 線に形をつける

線とハートの分岐点まで来たら、まずハートを完成させて、その後に線に戻ります。できるだけ形ごとに仕上げた方が、一筆書きのように一気に端まで刺してから戻るよりも分かりやすく、応用がききます。

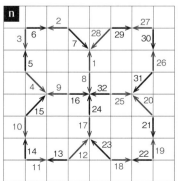

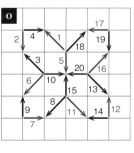

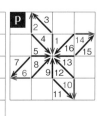

6. 中心を支点に描く

中心がinになるように中心の1ステッチ先からスタートしています。中心からスタートしがちですが、糸が集中する中心は、できればinになるようにした方がすっきり仕上がります。

メインルートの考え方1

図案を貫く「メインルート」を設定することで、複雑な図案でもご自身でリバーシブルに刺すことができるようになります。まずはリンゴの形でメインルートの基本的な進み方を覚えましょう。

メインルートのルール

パターンの主幹となる1本路。末端から刺しはじめ、先端まで行ったら引き返します。
その途中、6つの基本の描き方で線や形を付け加えてパターンを仕上げます。

attention:
▭▭▭ … メインルート
▭▭▭ … サブルート

■ メインルートは1本のみ。必要に応じてサブルートを加えます。

■ メインルートは一方通行。先端で折り返すまでは逆向きには進みません。そのため先端で折り返すまでは常に破線状になります。

■ メインルートはスキップしない。メインルートから分岐して他の部分を刺し進みメインルートに突き当たったら、折り返して必ず同じ分岐点からメインルートに戻ります。

※サブルートはある区画でメインルートの役割を果たす経路です。サブルートを設けることで、複雑なパターンでも迷わずに刺すことができます。サブルートは本数に制限はありませんが、本数以外のルールはメインルートと同じです。

1. リンゴを1つ刺す…a

はじめにメインルートを決めます。
スタート地点から刺しはじめ、一巡したら引き返します。
枝は途中で寄り道をしながら仕上げます。まずは、a の矢印番号に従い刺してみましょう。
リンゴは見慣れた形なので、特にメインルートを意識しなくても直感的に刺すことができるかも知れませんが、これがメインルートの進み方の基本です。

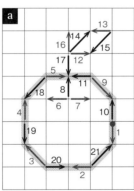
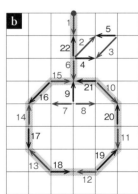

2. 複数のパターン…c

a のメインルートがここではサブルートになります。
メインルートのstartから刺しはじめて3◥で分岐点まできたらサブルートに入り、↑4へ進みます。a 同様に刺し進み、1つめを仕上げて↓19で分岐点まできたらメインルートに戻り、20へ進みます。同様に2つめ3つめ……と順に仕上げて★の位置まで戻ってきたら、メインルートをstartまで戻ります。

※サブルートは1つめにのみ記入してあります。必要に応じて加筆してください。

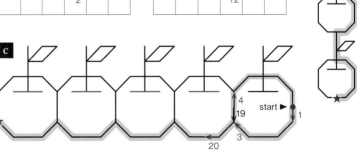

同じリンゴでも a, c とはメインルートが異なる b, d で進み方を試してみましょう。
b, d はリンゴを縦につなげるために枝を1ステッチ長くしてあります。

メインルートの考え方2

メインルートの考え方をしっかり理解したら、どんなパターンも自在に刺せるはず。
自由にアレンジして、リバーシブルを楽しみましょう。

P.68の基本的な進み方を、少し入り組んだ枠付きクロスで確認しましょう。（枠付きクロスの刺し方はP.67 **k** 参照）

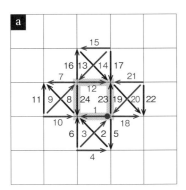

メインルートは中央の四角です。↑6で分岐点に戻ったら、メインルートを裏ステッチで進み（↓24の裏側）、←7から同様に枠付きクロスを刺します。↓10でメインルートに突き当たったら、向きを変えて↑11へ進みます。これを繰り返し、スタート地点に突き当ったらメインルートを引き返して完成です。

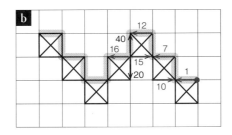

a と同様に↑15まで進みます。↑15の次はメインルートに戻るので←16です（↓20や↑40に行かないように注意）。4つ目の四角では↓20を忘れないように。ただし、↓20はもし忘れたとしても復路でリカバリーできます（↑40の前に刺す）。

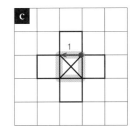

メインルートは **a** と同様四角ですが、進む向きが異なります。

more

ミスを防止するためのPoint（P.68 **a** 参照）

メインルートが折り返す前に破線状でなくなっていたら、どこかで間違えているということです。これを覚えておくと、ミスを早期に発見することができます。

×の写真は、**a** の→7を間違えて←7と刺してしまい、メインルートで表ステッチ2つが並んでしまっているところです。裏から見ると表と形が異なり、裏ステッチが2重になってしまっています。←6,←7のように1ステッチで針の向きを変えなければならないところは、つい向きを変えずにバックステッチで刺してしまいがちです。気をつけましょう。

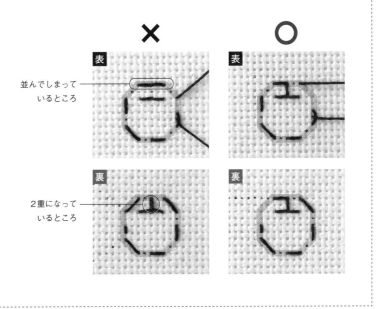

並んでしまっているところ

2重になっているところ

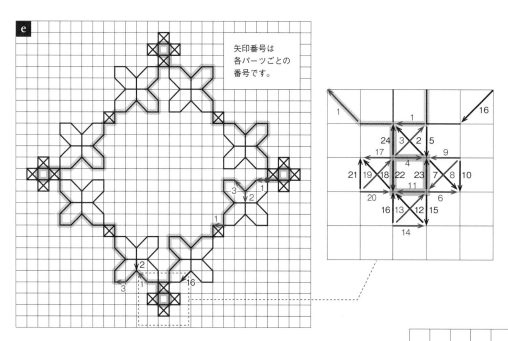

矢印番号は
各パーツごとの
番号です。

メインルートはやや変則になっています。サブルートは枠付きクロス
が４つ連なっている部分のみに設定しました。各パーツの刺し方はP.67
j、**k**、P.69を参考にしてください。

※糸継ぎはクロスの周りですると、糸の始末が目立たず裏がすっきりします。

※形のバラつきを抑えるために、８つの花の外周は往路での表ステッチの位置が
　P.67 **j**と常に同じになるようにメインルートを設定しました。従って、１、２、
　５、６番めは左回りに、３、４、７、８番めは右回りに刺し進むことになります。

メインルートは中心のひし形に、サ
ブルートで４つの区画に分けました。
各区画はサブルートに沿って刺し進
みます。メインルートから１つめの
区画のサブルートに進み、１つめの
区画を刺し終えたらメインルートに
戻って２つめの区画のサブルートへ
進みます。同様に４つめの区画まで
刺し進み、最後にメインルートを引
き返します。

※２番め、３番めの区画では蔓も刺します。
　もし２番めで付け忘れてしまった場合
　は３番めの区画の時にリカバリーできま
　す。蔓の刺し方は P.67 **j**を参照。

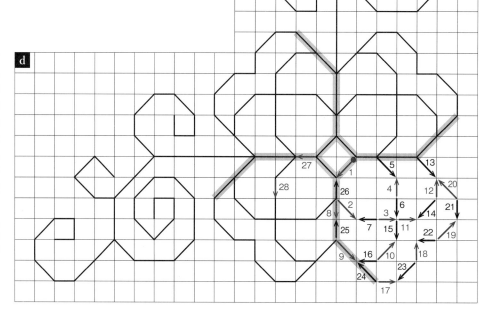

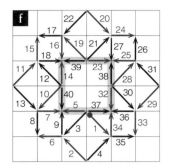

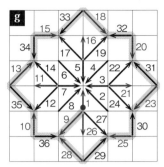

内側が違うだけで同じ形です。2種類を組み合わせてつなぐこともできます。メインルートは、**f** は内側、**g** は外周に設定しました。いずれも、メインルートの末端に付いている形（**f** はひし形、**g** は米印）を刺してからメインルートを進みはじめます。

※ **g** の米印はその後のステッチのガイドになります。

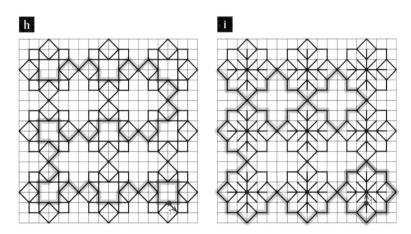

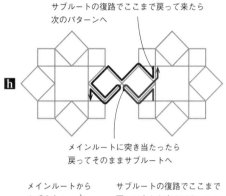

サブルートの復路でここまで戻って来たら次のパターンへ

h

メインルートに突き当たったら戻ってそのままサブルートへ

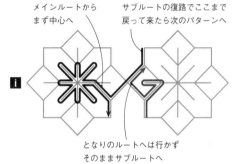

メインルートからまず中心へ

サブルートの復路でここまで戻って来たら次のパターンへ

i

となりのルートへは行かずそのままサブルートへ

複数をつなぐ場合は、1つの時のメインルートがサブルートになります。サブルートは1つめのみ記入してあります。必要に応じて加筆してください。右下から1つめ、2つめ3つめと左端まで進み、中段は左から右へ、上段は右から左へと進みます。
つなぎ部分の刺し方の流れは、P.25の右側の写真も参考にしてください。メインルートを引き返す前の状態です。

リバーシブル解説に使う言葉

メインルート	刺し進む時にパターン全体の主幹となる経路です（詳しくはP.68メインルートのルールを参照）。
サブルート	ある区画でメインルートの役割を果たす経路。複雑な模様はサブルートの数を増やして分割すると分かりやすくなります。
往路	はじめのランニングステッチ（まだ表ステッチあるいは裏ステッチの片方しかない破線の状態になる）。 刺し方図では、ピンクの矢印番号に従って進みます。往路では黒矢印の箇所は裏ステッチ（裏側に糸が渡り、表は空白）です。
復路	すでにランニングステッチしてあるところを戻るランニングステッチ（表と裏の両側に糸が渡った状態になる）。 刺し方図では、黒矢印の番号に従って進みます。
分岐点	ステッチのラインが枝分かれしている地点。
表ステッチ	布の表に糸が渡っている縫い目。
裏ステッチ	布の裏に糸が渡っている縫い目。
in	布の表から針を刺して裏側に引き出すこと。またその位置のこと。
out	布の裏から針を刺して表側に引き出すこと。またその位置のこと。

House
Silhouette Sampler

see > P.12

【作り方】

1. 25番刺繍糸1本取りで、BORDER部分と各パターンを家形に刺す。パターンが斜めにカットされている部分は、半マス（1目）を使って刺す。

2. 25番刺繍糸4本取り部分をBSで刺す。

Point … 4本取り部分は糸のテンションをやや弱めにしてポコポコ感を出しています。針はやや細めの24番を使用。針22番だと針で布目が広がり立体感が出ないためです。太めの糸で角を刺す時は、角の1つ前で針の向きを変えるとすっきり仕上がります（P.60 **1つずつ刺す** 参照）。

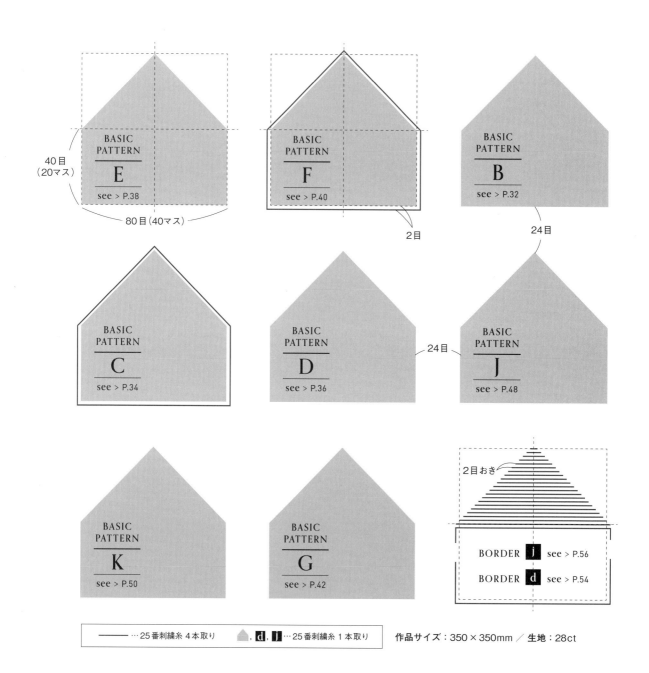

作品サイズ：350×350mm ／ 生地：28ct

Lily & Tulip
Silhouette Sampler

see > P.13

【作り方】

1. 25番刺繍糸1本取りで、各パターンを刺す。斜めにカットされている部分は、半マス（1目）を使って刺す。

2. 指定のアブローダー糸のBSで残りを刺す。

Point … 太い線の部分にはアブローダー糸を使用しています。複数本の25番刺繍糸よりもすっきりとした印象になります。

Lily　・BASIC PATTERN **B**
see > P.32

　　　・BASIC PATTERN **D**
see > P.36

　　　・BASIC PATTERN **H**
see > P.44

　　　・BASIC PATTERN **K**
see > P.50

Tulip　・BASIC PATTERN **E**
see > P.38

　　　・BASIC PATTERN **C**
see > P.34

　　　・BASIC PATTERN **A**
see > P.30

　　　・BASIC PATTERN **G**
see > P.42

━	…アブローダー #25
━	…アブローダー #20
━	…アブローダー #16
パターン	… 25番刺繍糸1本取り

作品サイズ：275×160mm（ユリ）
　　　　　　160×275mm（チューリップ）
生地：28ct

Lily

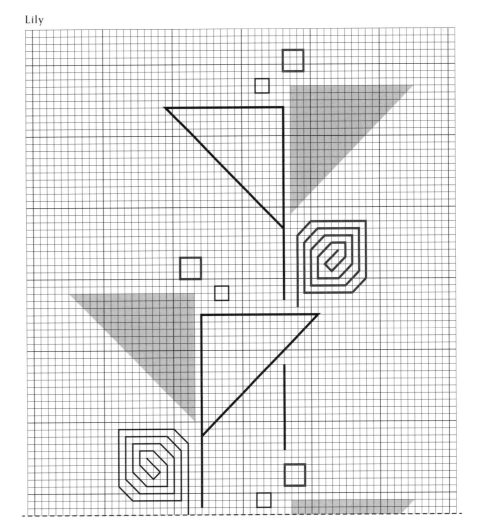

・Tulip

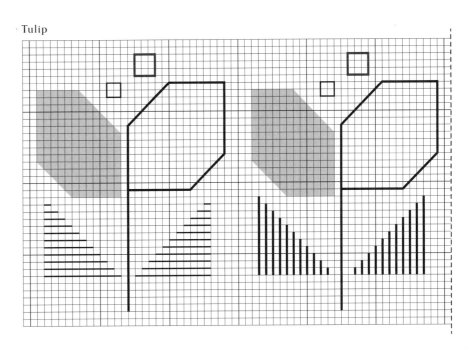

Cushions

see > P.14

〈 チャート1 〉

【作り方】

1. 各パターンを繰り返し帯状に刺す。

2. チャート2をBSで刺す。

Point … BASIC PATTERN L (P.52)のアレンジです。

　　　刺し方はPATTERN Lに従い斜めに往復。**4**は斜線の両側にその都度ステッチを加えて✕にする。四角の中のクロスは**4**〜**5**で加える。**3**の十字は6目で1ステッチ。先端の枠付きクロスはじめに刺すとよいでしょう。

　　　BASIC PATTERN J (P.48)の部分使いです。

　　　刺し方は ①：**1**〜**6**　②：**3**〜**6**　③：**1**〜**4**　④：**1**〜**2**。

　　　糸は①②はアブローダー#25、③④は25番刺繍糸1本取り。

〈 チャート1 〉 ― …25番刺繍糸1本取り　 ― …アブローダー #25
〈 チャート2 〉 ― …アブローダー #16

作品サイズ：430×430mm／生地：28ct

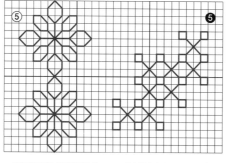

〈 配置図 〉

※刺繍は裏側に続く
　デザイン。

430
mm

〈 チャート2 〉

1マス=16目（1マスを8ステッチ
する）。8倍の大きさで刺す。

角の刺し方はP.60 **1つずつ刺す**
参照。

BASIC PATTERN J
see > P.48

BASIC PATTERN L
see > P.52

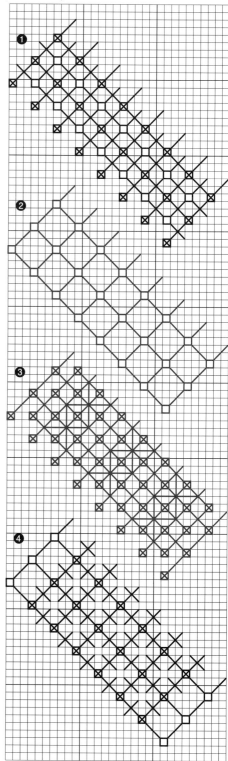

Cosmetic Pouch

see > P.11

【作り方】

1. ポーチの前面と背面の中央に指定の糸で刺繍する。

2. 側面の刺繍部分にチャートのピンクのパターンをアブローダー#20で刺す。

3. ファスナーを縫い付けた後に、アブローダー#20でランニングステッチをする。その後、ポーチに仕立てる。

Point … BASIC PATTERN I（P.46）の部分使いです。

本書では上下に進む方法をご紹介していますが、ここでは距離が長い横方向に往復した方が効率よく、スムーズに刺すことができます。本の向き、あるいは布の向きを変えて刺すとよいでしょう。

ポーチ側面の刺繍は布幅に合わせて適当なところでパターンを切ります。

〈 配置図 〉

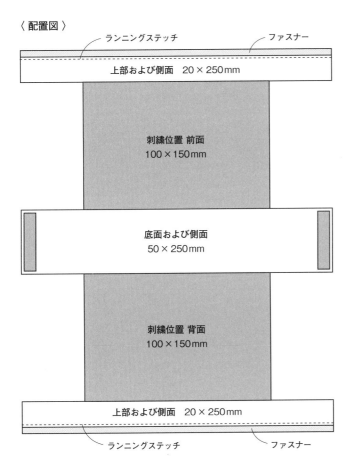

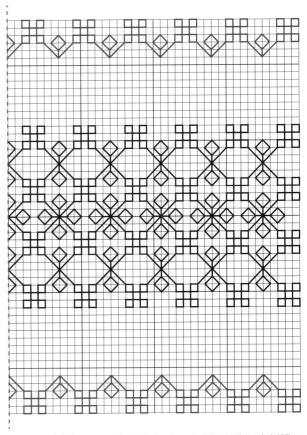

※上図は右半分のチャートを掲載しています。左半分も同様に、左右対称に刺します。

| —…25番刺繍糸1本取り | —…アブローダー #20 |

作品サイズ：100×150×50mm／ 生地：28ct

Tote Bag

see > P.20

【 刺し方 】

1. 25番刺繍糸1本取りで中央の
   パターンを刺す。

2. アブローダー#20で上下のハー
   トを重ねてを刺す。

Point …

参考 P.60, 62

中央部分はハートが8段重なってい
ます。端から端まで1段ずつ刺して、
順に重ねます。1番下と1番上は1つ
ずつ、2〜7段は2つまとめて刺し
ます。後からアブローダー#20のハー
トを重ねる1番下と1番上のハートは
単純にBSをした方がよいでしょう。
アブローダー#20のハートは、糸も
太めで、その後に他のパターンを重
ねることもないので、角の1つ前で
針の向きを変える方法で刺すとよい
でしょう。

── … 25番刺繍糸1本取り

── …アブローダー #20

作品サイズ：310×260×120mm
刺繍部分サイズ：310×65mm
生地：28ct

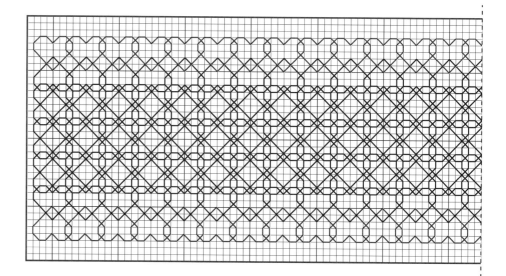

| arrange | パターンを重ねるのパターンを使用した同サイズのチャートを用意しました。好みの色のフェルトと組み合わせてお使いください。 |

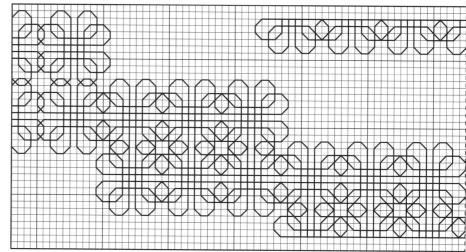

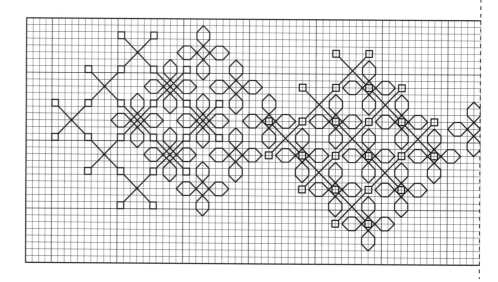

Tea Mats

see > P.21

【刺し方】

1. パターンを4目ずつあけて並べ、
   内側の段を一周刺す。

2. 同様に2段目を一周刺す（1段
   目の間にはめ込むように）。

3. 3、4段目も同様に一周ずつ刺す。

Point … パターンを重ねる場合、
   基本的には細い糸を先に
   刺します。従って、この
   作品は内側から刺します。
   すべて同じ糸で刺す場合
   は外側から刺しても構い
   ません。

   参考 P.60, 63

━	…ミシン刺繍糸
─	…25番刺繍糸1本取り
─	…アブローダー #25
━	…アブローダー #16

作品サイズ：250×360mm

生地：25ct

※右図はチャートを90度回転し、全体の
1/4配置してあります。

【 刺し方 】

1. ①のパターンをすべて刺す。

2. ②のパターンを下段、中段、上段の順に一周ずつ刺す（下段は①のパターンの上に重ねる）。

3. さらに③のパターンを重ねる。

Point … このデザインは3種類のパターンを重ねています。③を先に刺すと①が刺せなくなるので重ねる順番に注意しましょう。

参考 P.45, 57, 61, 64

━	…25番刺繍糸 1本取り
━	…25番刺繍糸 1本取り
━	…アブローダー #25
━	…アブローダー #25
━	…アブローダー #16

作品サイズ：250 × 360mm

生地：25ct

※右図はチャートを90度回転し、全体の1/4配置してあります。

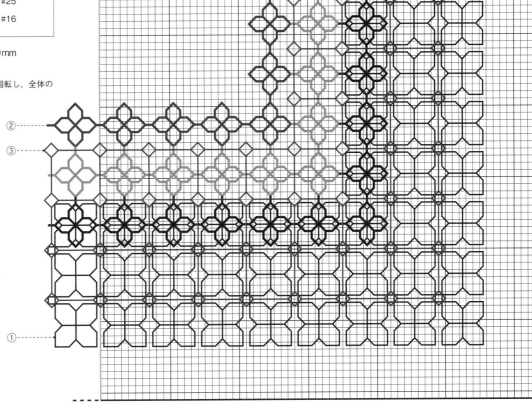

著者

mifu

英国Royal School of Needleworkにてディプロマ取得。イギリスで様々な伝統的刺繍を学ぶ中ブラックワークに魅せられ、以降ブラックワークのステッチ方法とデザインを探求している。一連の模様であればどんなに複雑なものでも裏表同一に刺すことができる独自の手法や、パターンを重ねて新たなパターンを作る独創的な手法を組み合わせたテクニカルな作品を得意とする。2017年「マガジンランド手芸＆クラフト展『贈る』コンテスト」にて最優秀賞を受賞。
https://stitchby-a.com

staff

ブックデザイン／清水裕子 (gris)
撮影／近藤伍壱 (ROBINHOOD)
編集協力／蒲生友子
スタイリング／gris
編集／手塚小百合 (gris)

生地提供

越前屋
〒104-0031　東京都中央区京橋1-1-6
tel.03-3281-4911
www.echizen-ya.co.jp

刺繍糸提供

ディー・エム・シー株式会社
〒101-0035 東京都千代田区神田紺屋町13番地山東ビル7F
tel.03-5296-7831
www.dmc.com (グローバルサイト)
www.dmc-kk.com (webカタログ)

撮影協力

AWABEES
〒151-0051 東京都渋谷区千駄ヶ谷3-50-11-5F
tel.03-5786-1600

UTUWA
〒151-0051 東京都渋谷区千駄ヶ谷3-50-11-1F
tel.03-6447-0070

BLACK WORK

黒糸1色で描く美しい幾何学模様
詳しい刺し方付きパターン集

2021年7月20日　初版印刷
2021年7月30日　初版発行

著者　　mifu
発行者　小野寺優
発行所　株式会社河出書房新社
　　　　〒151-0051東京都渋谷区千駄ヶ谷 2-32-2
　　　　電話 03-3404-1201 (営業)　03-3404-8611 (編集)
　　　　https://www.kawade.co.jp/
印刷・製本　大日本印刷株式会社

Printed in Japan
ISBN978-4-309-28900-7